Dani
Offe

Daniel Odier

OFFENE WEITE

Aus dem Französischen
und aus den chinesischen Quellen übersetzt
von Stephan Schuhmacher

Edition Spuren

Die Originalausgabe erschien unter dem Titel
Chan & Zen, le jardin des iconnoclastes

Edition Spuren
Rudolfstraße 13, CH-8400 Winterthur
www.spuren.ch

Übersetzung aus dem Französischen und aus den chinesischen Quellen: Stephan Schuhmacher
Umschlaggestaltung: Marco Perini
Printed in India
by Ramoh International

ISBN 978-3-905752-12-0

Inhalt

Im tiefsten Inneren dieses Lichts
ist Dunkelheit,
doch dringe in diese nicht als solche ein.
Im tiefsten Inneren der Dunkelheit
ist Licht,
doch begegne diesem nicht als Licht.

Shitou Xiqian

Ich möchte Ming Qi Sifu (Sifu = Meister) Dank sagen, die mich aufgenommen, mich geleitet und ihrem Meister Jing Hui Sifu, dem Dharma-Erben des großen Xu Yun, «Leere Wolke», vorgestellt hat. Ihr habe ich es zu verdanken, dass ich im Bailin-Kloster in China die Übertragung in der Linie von Zhaozhou Congshen erhalten habe. Gleichermaßen möchte ich Ming Hai Sifu, dem Abt dieses Klosters, danken, der meinen Aufenthalt im Kloster von Zhaozhou ermöglicht und unterstützt hat. Schließlich gilt meine tiefe Dankbarkeit meinem Meister Jing Hui Sifu, der mir die Linie von Zhaozhou übertragen und mir den Namen Ming Qing Sifu gegeben hat.

Einführung: Das eigene Wesen sehen ist Chan

Es gibt im Chan (dem chinesischen Zen[1]) nur ein einziges Fundament des Herz-Geistes, nur eine einzige Übung, nur eine einzige Verwirklichung. Das Chan basiert auf der Idee, dass alle Wesen die Buddha-Natur besitzen, dass der gesamte Kosmos die Buddha-Natur besitzt, und dass es genügt, dies in einem Augenblick zu sehen, um befreit zu sein. Die gesamte Übung kreist um diese Erkenntnis. Das Chan ist der direkteste, der nackteste, der realistischste Weg zu dieser Befreiung.

Als er die Erleuchtung erlangte, legte Buddha den Grundstein dieses Weges, indem er verkündete, alle Wesen hätten mit ihm zusammen die Erleuchtung erlangt. Wenn es so um die uns eigene Natur bestellt ist, genügt ein Aufblitzen der Einsicht, und wir sind zu einem Buddha geworden.

Das Chan führt seine Tradition auf den historischen Buddha zurück, der Mahâkâshyapa durch eine dreifache Übertragung zu seinem Nachfolger bestimmte, dem Nachfolger, der die Essenz des

Buddhismus außerhalb der kanonischen Schriften und unabhängig von jedem Glaubensbekenntnis durch das direkte Zusammenspiel von Meister und Schüler weitergeben sollte.

Wir verdanken den großen chinesischen Meistern der Tang-Zeit (618–907) eine große Zahl von direkten Lehren. Zhaozhou Congshen (Jap. Jôshû Jûshin), der Begründer unserer Übertragungslinie, ist einer der herausragenden Meister dieser Zeit, und Xu Yun, «Leere Wolke», hat seinen Geist im 20. Jahrhundert tradiert. Wie auch Zhaozhou ist Xu Yun 120 Jahre alt geworden. Er erlebte all die großen Umwälzungen Chinas mit und übermittelte mit einzigartigem Elan den authentischen Geist der Gründerväter des Chan. Er hat zahlreiche in Ruinen gefallene Klöster renovieren lassen, und er hat der Übung des Chan wieder die Vitalität der großen Gestalten der Tang-Zeit und ihrer Nachfolger verliehen. Xu Yun war der Meister von Jing Hui, meines eigenen Meisters.

Auch wenn das Zen sehr populär geworden ist, ist der wundervoll radikale Ansatz dieser Meister den heutigen Ausübenden nur wenig bekannt. Die herbe, subtile, poetische und kreative Vorgehensweise der Gründerväter des Chan zu entdecken, dürfte die stimmigste Weise sein, dem Buddhismus wieder die unglaubliche Spannkraft des chinesischen Ansatzes zu verleihen, den

Dôgen Zenji so großartig erfasst und nach Japan übermittelt hat.

Alle Ausübenden des Zen kennen die Geschichte von Buddha, der den versammelten Mönchen eine Blume zeigt, und vom Lächeln des Mahâkâshyapa. Diese Geste wird der Legende nach, die während der Song-Zeit im 10. Jahrhundert auftauchte, als die Begründung der Überlieferungslinie betrachtet. Tatsächlich stellt sie nur die zweite von drei Übertragungen an Mahâkâshyapa dar.

Mahâkâshyapa war ein Laie sowie einer der ältesten Schüler des Buddha, und er bat erst im Alter von achtzig Jahren um die Ordination. In den Klöstern zählt aber nicht das Alter, sondern der Zeitpunkt des Eintritts in den Orden: die zuerst Ordinierten sitzen am nächsten beim Meister. Nach dieser strengen Regel hatte Mahâkâshyapa sich also zu den frisch ordinierten Mönchen in den hinteren Reihen zu setzen. Eines Tages, als der Buddha wieder einmal lehren sollte und alle Mönche, dem Buddha zugewandt, ihre Plätze nach der Rangordnung ihres Ordinationsalters eingenommen hatten, saß der Meister schweigend da. Da trat Mahâkâshyapa zur Versammlung und setzte sich ohne das geringste Zögern nicht etwa in die erste Reihe zu den Mönchsältesten, sondern neben den Buddha. Die Mönche waren entsetzt und aufgebracht, doch der Buddha, der diese Geste augenblicklich als Bezeugung ihrer absoluten Identität verstand, lächelte. Dies war die erste Übermittlung von Herz-Geist zu Herz-Geist.

Nach der Episode mit der Blume, die eine Art Bestätigung der ersten Übermittlung war, gab es noch eine abschließende Übermittlung. Als der Buddha starb, war Mahâkâshyapa nicht anwesend. Man schickte nach ihm. Die Hitze beschleunigte den Zerfall des Leichnams des Buddha, der in einem von reichen Gönnern gestifteten und mit Blattgold überzogenen Sarg auf einem großen Stapel von Sandelholz bereit zur Verbrennung lag. Alle Schüler warteten nur noch auf Mahâkâshyapa. Der tauchte erst am siebten Tag auf und begann, ohne ein Wort zu verlieren, den Scheiterhaufen langsam zu umschreiten. Plötzlich hörte man einen Knall, und die verblüfften Mönche sahen, dass die Füße des Buddha das untere Ende des Sarges durchbrochen hatten und – als eine letzte Huldigung des wahren Wesens, das ohne Geburt und ohne Tod ist – hervorstanden.[2]

Diese Wesensnatur, von Asanga auch das «Große Selbst» genannt, ist der Kern unserer Methode. All die Gesten, all die Schreie, alles Schweigen und jegliches Gebaren der Meister des Chan zielen einzig und allein darauf ab, uns zurück zu dieser Quelle zu führen. Nichts, was es «da draußen» zu suchen gäbe, keine komplizierte

Praxis. Sitzen. Nicht nur irgendwie herumsitzen, wie wir später sehen werden, sondern das grundlegende Sitzen des Körpers, in dem der Kosmos enthalten ist. Das Chan erklärt nicht, es verweist mit zahllosen «Geschickten Mitteln» auf den Weg der Rückkehr zum Herz-Geist, der das grenzenlose Erwachen aller Wesen und der gesamten Schöpfung ist.

Zibo Zhenke (1543-1604) war ein Meister der Ming-Dynastie, der mit dem Chan-Meister Hanshan Deqing[3] befreundet war; er hat uns ein verblüffendes Zeugnis dieser Freundschaft hinterlassen: «In einem Garten der Hauptstadt des Westens haben wir vierzig Tage lang ein Gespräch geführt, ohne dabei jemals die Augen zu schließen. Das war in der Tat das glücklichste Ereignis meines Lebens.»[4] Zibo, der später von kaiserlichen Schergen zu Tode geprügelt wurde, weil er eine Schmähschrift gegen den Kaiser geschrieben hatte, formuliert die chinesische Vision des Buddhismus auf unnachahmliche Weise:

Ist der Eine Geist ungeboren, dann sind Sein und Nichtsein keine Gegensätze, und noch weniger gibt es einen Wahrnehmenden.

Dennoch sind, sobald der Eine Geist einmal geboren ist, die sechs Sinnesorgane bereits vorhanden. Es ist nicht möglich [in die Erleuchtung] einzutreten, indem man diese aufgibt. ... Darum sind alle Dinge Zeichen der langen und breiten Zunge des Tathâgata[5]: Klagelieder, tiefe Gefühle, Fluchen und Schelten, Dornengestrüpp und blühende Bäume, Gewänder und Hüte, Riten und Musik, Trommeln und Flöten, Trinken, Essen, Sex, Richtig und Falsch, Gut und Böse, das Klirren von Waffen, der rituelle Tanz, stille neblige Wälder, lärmige Plätze in der Stadt.[6]

Ich böte dir gern etwas als Hilfe an,
doch haben wir im Zen nun einmal
nicht ein einziges Ding![7]

Ikkyû Sôjun

Das demantene Schwert

Zu einem Buddhisten wird man durch den einfachen Akt der Zufluchtnahme zu den so genannten Drei Kostbarkeiten. Dies ist die erste buddhistische Handlung:

Ich nehme Zuflucht zum Buddha.
Ich nehme Zuflucht zum Dharma.
Ich nehme Zuflucht zum Sangha.

Wir fügen noch etwas Wesentliches hinzu, das direkt ins Herz der Lehre zielt:

Ich nehme Zuflucht zu den Drei Kostbarkeiten in mir selbst.

Das gesamte Chan lässt sich aus dieser Verpflichtung heraus verstehen, die man als einen formellen Akt betrachten kann, aber auch als weiten Raum, in dem sich alles Festgelegte verflüssigt.

Was ist der Buddha?

Ein Buddha lehrt immer unter Berücksichtigung des Auffassungsvermögens seiner Zuhörer.

Seine Unterweisungen können pendeln zwischen äußerst formellen Lehren und der unendlichen kosmischen Dynamik, wie sie im Avatamsaka-Sûtra[8], einer unübertroffenen Vision des Unendlichen in poetischer Sprache, zum Ausdruck kommt. In der Tradition gilt dieses Sûtra, das mehr als tausend Seiten umfasst, als die erste Unterweisung des Buddha nach seiner Erleuchtung. War diese Darlegung an den Himmel gerichtet? Man könnte es meinen. Es heißt auch, dass niemand diese unendliche Botschaft verstanden hat, die von der Freiheit und dem Erwachen der gesamten Schöpfung kündet, sowie davon, dass jedes Ding zugleich Bild und Widerspiegelung der Totalität ist. Deshalb habe der Buddha sich entschieden, seine Lehre schrittweise und auf einfachere, dem Verstand eher zugängliche Art darzulegen, damit alle Wesen ihr bis zu dem Punkt zu folgen vermochten, an dem die Dualität in die Einheit verschmilzt, welche dann selbst wiederum verschwindet.

Das Avatamsaka-Sûtra oder «Blumengirlanden-Sûtra» sagt ganz deutlich, was ein Buddha ist:

«Sieh den Buddha nicht in einer Erscheinung, einem Ereignis, einem Bereich oder einem Wesen. Sieh den Buddha in allen Dingen.»

Und der Chan-Meister Yunmen zeigt uns seinen Stab und ruft aus: «Der gesamte buddhistische Kanon befindet sich auf der Spitze meines Stabes!»

Wie sollen wir diese Unterweisung verstehen? Yunmen fährt fort: «Alle Klänge sind die Stimme des Buddha, alle Formen sind die Formen des Buddha.»

Und dennoch: Wenn der Buddha eine Form hätte, wäre er nicht mehr der Buddha; wenn der Buddha in irgendeinem Ding wohnen würde, wäre er nicht mehr der Buddha. Der Buddha ist überall, weil er nirgends ist. Er ist unfassbar, entzieht sich jedem Begreifen und jeglichem Verständnis, weil er unser eigenes Wesen ist.

Lasst einfach die Bürde von «andere» und «ich» los, die Gedanken an Gewinn und Verlust, Richtig und Falsch, Buddha und Buddhismus, Geheimnis und Wunder.

Lasst ihr solchermaßen los, so empfindet ihr Körper und Geist als licht und unbeschwert, innen und außen durch und durch rein. Dann ist euer Herz allezeit klar. In einem kühlen Blitz der Einsicht gewinnt ihr die Freiheit.[9]

Dieser hier von Meister Yingan Tanhua (Jap. O'an Donge, 1103–1163)[10] formulierte Ansatz ermöglicht es uns, in einer großen Weite der Empfindung mit den Dingen eins zu sein. Er zielt in Richtung der Aussage «Triffst du den

Buddha, töte Buddha» von Linji Yixuan (Jap. Rinzai Gigen, ?–867). Dies ist die einfachste und direkteste Vorgehensweise. Zum Buddha Zuflucht nehmen heißt, 24 Stunden am Tag an nichts haften. Wie Meister Yangshan Huiji (Jap. Kyôzan Ejaku, 807–883) sagt, genügt es, «sich dem Ozean unserer Essenz zuzuwenden und eine Übereinstimmung mit unserer eigenen Natur» zu entwickeln. Dann sind «jene, die das Chan erlangt haben, im Handeln wie in Ruhe gleich dem Ziehen der Wolken am Firmament, ohne Selbst-Bewusstsein, wie der volle Mond, der alles erhellt».

Wenn Sie dieses Kap des Begreifens umsegelt haben, dann kann Sie niemand mehr zum «Anhänger» von irgendetwas machen. Dogmen und Vorstellungen sind hinweggefegt, und Sie sind frei und geräumig, authentisch und schlicht, unabhängig und kreativ. Reinheit und Unreinheit haben keinerlei Bedeutung mehr für Sie. Die volle Bewusstheit steht nicht mehr in einem Gegensatz zur Anmut der Nichtbewusstheit. Die Vorstellungen schmelzen dahin wie Schneeflocken auf einer heißen Herdplatte.

«Wenn ihr frei sein wollt, erkennt euer wahres Selbst. Es hat keine Form, keine Erscheinung, keine Wurzel, keine Grundlage, keinen Ort, aber es ist munter und voller Leben», sagt Linji.[11] Und Meister Foyan Qingyuan (Jap. Butsugen Seion,

1067–1120) meint: «Für jene, die den Weg erlangen, ist alles ‹Es›. Diese Kraft ist sehr groß.»[12]

Was ist der Dharma?

Das Sanskrit-Wort «dharma» hat viele Bedeutungen; zwei davon wollen wir hier betrachten: Einmal ist Dharma die Lehre des Buddha, der Patriarchen und Meister, und in einem breiteren Sinne bezeichnet Dharma die Gesamtheit der kosmischen Gesetze. Aber anzunehmen, dass das Universum von «Gesetzen» regiert wird, wäre das nicht die Höhe des romantischen Anhaftens am Religiösen? Darum wollen wir es wagen, dem Wort «dharma» noch einen dritten Sinn zu geben, indem wir sagen, es könnte damit ebenso gut das kosmische Chaos gemeint sein. Gibt es etwa einen Unterschied zwischen der Ordnung und dem Chaos? Könnte es nicht sein, dass die Ordnung ein Chaos ist, dem wir einen Sinn zu geben versuchen, und das Chaos ein Gleißen, eine Ordnung, deren Sinn sich uns entzieht?

Ein Mönch fragte Meister Zhaozhou: «Wenn der Dharma kein spezieller Dharma ist, was ist er dann?»

«Nichts außen, nichts innen; nichts innen, nichts außen», entgegnete Zhaozhou.

«Was ist das Tor zum Dharma des Geistes?»

«Die Beispiele der Vergangenheit und Gegenwart.»[13]

Yunmen Wenyan (Jap. Ummon Bun'en, 864–949) schließt sich Zhaozhou an, indem er betont: «Der Dharma ist im Grunde eine Lehre ohne jeden Gegenstand.» Und er geht noch weiter: «Das, was man den Buddhadharma nennt, wurde niemals in Worten zum Ausdruck gebracht. Hätte man es getan, wäre das nichts anderes gewesen, als Scheiße und Pisse auszubreiten.»

Wenn der Dharma also von keinem Buddha, keinem Patriarchen, keinem Meister in Worten zum Ausdruck gebracht wurde, wo finden wir ihn dann? Eben in der Essenz unseres Herz-Geistes, der sich, frei im unendlichen Raum wandernd, an keinerlei vorübergehende Form bindet. Das ist es, was Huangbo Xiyun (Jap. Ôbaku Kiun, 720–814) meint, wenn er sagt: «Ich sage nicht, dass es kein Chan gibt, ich sage nur, dass es keine Chan-Meister gibt.» Und das Mahâprajñâpâramitâ-Sûtra sagt unmissverständlich, dass es nicht möglich ist, das andere Ufer zu erreichen, solange es noch eine Spur von Haften an einem Dharma gibt.

Doch auch das «Erreichen des anderen Ufers» ist noch eine Falle. Es gibt kein anderes Ufer, es gibt keinen Fluss, den es zu überqueren gilt, denn wir sind in jedem Augenblick der Gegenwart die Einheit der beiden Ufer. Das «Diamant-Sûtra» (Vajracchedikâ-Prajñâpâramitâ-Sûtra) stellt das klar, indem es sagt, dass das wahre Bewusstsein allein aus dem Bewusstsein selbst entsteht und sich auf nichts anderes stützt. Dort heißt es auch, dass das Nirvâna nur eine andere Weise ist, die Wirklichkeit zu sehen. Letztlich sind alle Dharmas[14] leer, denn wir benutzen das Konzept der Leere oder des Raumes, um den Glauben an eine absolute Realität zu zerstören, und dann benutzen wir die unendliche Schönheit der Realität, um die Vorstellung von einer absoluten Leere zu zerstören. Aus diesem Grunde ziehe ich das Wort «Raum» dem Wort «Leere» vor, weil es deutlich macht, dass die Leere und die Realität eins sind.

Der Raum enthält alle Dinge, die Sterne, die Planeten, die Schönheit, die Gefühle, die Gewalt, das Gleichgewicht, die Zerstörung und die Harmonie.

Was ist der Sangha?

Ursprünglich war der Sangha die Gemeinschaft der Mönche und Nonnen, heute ist er die Gemeinschaft aller Buddhisten. Doch wenn ich die Totalität bin, wenn es weder mich selbst noch die anderen gibt, dann ist der Sangha durch nichts mehr ausgezeichnet, dann sind alle menschlichen Wesen, jedes Tier, jede Pflanze, jedes Atom der Materie der Sangha. Das Konzept des Ich löst sich auf wie eine Wolke im Raum, da es keinerlei Wohnstätte mehr hat. Daraus ergibt sich «Ich nehme Zuflucht zu den Drei Kostbarkeiten in mir selbst» – das Endergebnis einer Zuflucht, die keine Eigenschaft, keinen Ort und kein Objekt hat. Zuflucht nehmen heißt, sich in alle Dinge hinein aufzulösen und alle Dinge als Manifestation unserer eigenen Buddha-Natur zu erfahren.

Der Buddha ist nicht zu lokalisieren, der Dharma ist nicht auszusprechen und der Sangha ist die Totalität der Welten. Buddhist sein heißt, auf gleicher Augenhöhe in die Nichtunterschiedenheit, die Eigenschaftslosigkeit, die Identität mit allen Wesen und allen Dingen einzutreten. Diese Einheit zu erfahren heißt, zur absoluten Natur des Seins erwacht zu sein, den Buddhismus zu vergessen. Wie es mein Großvater im Dharma formuliert hat: «Wenn du während einer Sekunde die Erfahrung des Ungeborenen gemacht hast, sind die vom Buddha offenbarten Dharma-Tore überflüssig.»

Zuflucht nehmen ist also kein zeremonieller Akt, sondern eine Bewusstwerdung. Aus diesem Grunde ermutige ich meine Schüler auch nicht dazu, Zuflucht zu nehmen oder verfrüht Gelübde abzulegen, sondern einzig und allein zu üben und in dieser einen Form das Nichtvorhandensein aller Form zu finden. Wenn wir alle Formen aufgeben, dann taucht die Essenz auf, und die Identität manifestiert sich.

Mein Pfad liegt jenseits des Firmaments,
Wo es für die Wolken keinen Ort mehr gibt,
an den sie sich verirren könnten.
In der Welt gibt es einen Baum ohne Wurzeln,
Von dem der Wind mir ein dürres Blatt
zugetragen hat.[15]

Sushan Kuangren

Die angeborene Freiheit

FRAGE: Wenn ich Ihre Unterweisungen recht verstanden habe, dann setzen Sie sich radikal von dem ab, was ich – als Echo auf Michel Onfray, der in seinen philosophischen Publikationen von der «christlichen Neurose» spricht – versucht bin, die «buddhistische Neurose» zu nennen. Wenn es eine buddhistische Neurose gibt, wie würden Sie diese definieren?

ANTWORT: Ich würde sie definieren als die Bürde des Religiösen, die seit Jahrhunderten und Jahrtausenden die ikonoklastische Botschaft der chinesischen Chan-Meister, die sich durch eine grandiose Abwesenheit von Formalismus auszeichnet, zu überdecken droht. Diese Dharma-Tiger lebten zu einer Zeit, da das religiöse Regelwerk in China noch nicht festgeschrieben war, in kleinen Gemeinschaften überaus freier Individuen. Sie waren stark vom Daoismus beeinflusst, den viele von ihnen zuvor praktiziert hatten, und sie hatten ein kosmisches Konzept des Buddhismus, das sehr stark mit der Natur, der Schönheit und der Kunst verknüpft war. In ihrem Ansatz gab es nichts Puritanisches. Sie unterschieden sich total vom indischen Buddhismus und dessen strenger Morallehre, die darauf aus war, die Sinnlichkeit auszulöschen, und für die die Ausübung der Künste im Widerspruch zum Weg stand.

Die chinesischen Meister haben die Schönheit der abgeschiedenen Berge, auf denen sie lebten, in wundervollen Gedichten besungen. Sie spielten die Flöte oder die Zither, sie waren Maler oder Kalligraphen, sie schätzten es, einen einfachen Beruf auszuüben, der manchmal ihre Existenzgrundlage bildete, da sie wenig geneigt waren zu betteln. Sie feierten in der Gesellschaft anderer Einsiedler frugale Bankette unter dem Mond, sie ließen sich in tiefster Ekstase in einem Boot auf dem Wasser dahintreiben, und sie ließen sich dazu hinreißen, die Sehnsucht, die Einsamkeit, die Tristesse langer Winter, die Liebe, die Gefühle, die Freundschaft, das Verlangen und das Brodeln der gesamten Schöpfung zu besingen:

Einst kam ich, am Hanshan zu sitzen,
Blieb lange, ganze dreißig Jahr!
Besuchte gestern meine Freunde und Verwandten,
Die Mehrzahl ging längst zu den Gelben Quellen;
Verlöschten nach und nach wie Kerzenstummel,

Entströmten, dem Fluss gleich, ohne Wiederkehr.
Morgens steh ich verwaistem Schatten gegenüber,
Nicht gewahr, dass zwei Tränenbäche tropfen.[16]

Hanshan (7. Jahrhundert)

Statt die Sinne zu negieren, lebten sie im absoluten Raum der Essenz des Herz-Geistes und sahen keinen Fehl darin, zutiefst menschlich zu sein. Das Berührende in ihren Schriften ist, dass sie weder die Maske der Entsagung tragen noch von der Furcht vor der Welt des Sinnlichen oder von religiöser Heuchelei geprägt sind. Sie lebten im Fluss einer uneingeschränkten Beweglichkeit und entsprachen damit dem Ideal des Daoismus. Sie lebten ohne Zwänge, und nichts konnte ihr Fließen unterbrechen. Sie hatten sogar die Idee des Buddha und des Buddhismus aufgegeben, so weit gespannt war ihr Begreifen. Sie waren wahrhaft Tiger! Wie sagte doch einer von ihnen zu einem jungen Meister, der noch nicht alles begriffen hatte: «Versteck dich nicht in deiner Erleuchtung!»

Der Laie Pang (Pang Yun, 740–808), ein erleuchteter Schüler von Mazu Daoyi (Jap. Baso Dôitsu, 709–788) und von Shitou Xiqian (Jap.

Sekitô Kisen, 700–790), war ein solcher Freigeist. Als man ihm nahelegte, sich zum Mönch ordinieren zu lassen, entgegnete er: «Ich bleibe ein Laie und tue, was mir gefällt.»

Und Meister Fu Dashi, ein Laie des 6. Jahrhunderts, den Yunmen bewunderte, schrieb: «Der Fluss der Meditation folgt der Strömung und steht doch still. Die Wasser des Samâdhi [meditative Versunkenheit] schlagen Wellen und bleiben doch völlig klar.»

Eben diese Vitalität des Chan ist auch heute noch den Verfechtern eines formalistischeren Buddhismus – der eher mit unserer die Spontaneität verabscheuenden jüdisch-christlichen Moralität konform geht – ein Dorn im Auge. Den Meistern des Chan ging es nicht darum, irgendwelche Idealbilder hochzuhalten, und ein großer Teil der Probleme und Skandale, welche die jungen buddhistischen Gemeinschaften im Westen erschüttert haben, ist aus der angesprochenen allzu engstirnigen und moralisierenden Einstellung entstanden.

Die Meister des Chan liebten das «Sûtra des Vimalakîrti» (Vimalakîrti-Nirdesha-Sûtra), das zweifellos das ikonoklastischste aller Sûtras ist. Es enthält die Lehren des Laien Vimalakîrti, eines Zeitgenossen des Buddha. Das Sûtra berichtet, wie er wieder und wieder die großen Bodhisattvas bloßstellt. Dieser Text, der von den

Chinesen bereits im 3. Jahrhundert in ihre Sprache übersetzt wurde, hatte einen tiefen Einfluss auf das Chan. Er ist die Verkündung der grenzenlosen Freiheit des Bodhisattva par excellence, und vernichtet die von den größten Schülern des Buddha vertretenen engstirnigen Ideen eine nach der anderen:

Er [der Bodhisattva] beschreitet den Weg der Welt der Form und der formlosen Welt, aber er hält diese nicht für erhaben. Er simuliert Begehrlichkeit, aber nichts ist ihm ferner als der Makel des Anhaftens. Er gibt sich wütend, aber seine Wut ist nie gegen ein Wesen gerichtet. Er tut unwissend und hat doch seinen Geist voller Weisheit und Kenntnisse unter Kontrolle. Er mag geizig erscheinen, aber da er allem inneren und äußeren Besitz entsagt hat, knausert er niemals mit persönlichem Einsatz und geht so weit, sein Leben zu riskieren. Er scheint die Gebote zu übertreten und ist doch fest gegründet in der Reinheit der Disziplin und hütet sich davor, auch nur die kleinste Missetat zu begehen. Es mag aussehen, als sei er außer sich, doch bleibt er immer geduldig und wohlwollend. Es mag scheinen, dass er sich der Faulheit hingibt, und doch übt er sorgfältig alle tugendhaften Werke. Er scheint verwirrt zu sein, doch bleibt sein Geist immer gesammelt. Er scheint unwissend zu sein, und doch umfängt sein

Wissen die weltlichen und überweltlichen Dinge. Er mag heuchlerisch und falsch erscheinen, und doch ist seine Beherrschung der Geschickten Mittel in Übereinstimmung mit dem geraden von den Schriften gelehrten Weg. Er mag stolz und arrogant erscheinen und ist doch von der Demut einer Brücke. Es mag so aussehen, als sei er von verstörenden Gefühlen heimgesucht, und doch bleibt sein Geist rein und klar. Er scheint die Pfade Mâras zu beschreiten und lässt sich doch, in Übereinstimmung mit der Weisheit Buddhas, auf keinen äußeren Pfad ein. Er scheint dem Pfad der Hörer (shrâvaka) zu folgen und lehrt doch die nie gehörte höchste Wahrheit. Er scheint dem Pfad der Einsam-Erwachten (pratyekabuddha) zu folgen und lehrt doch aus der Verwirklichung des Großen Erbarmens heraus alle Lebewesen. Er manifestiert sich in der Welt der Armen, doch übergibt er ihnen mit seinen kostbaren Händen unerschöpfliche Schätze. Er nimmt Geburt unter den Krüppeln an, und doch weist sein Körper alle wunderbaren Merkmale eines Buddha auf. Er erscheint in der niedrigsten Kaste der Gesellschaft, doch vereint er alle Eigenschaften der Buddha-Familie in sich. Er wird als Monstrum geboren und ist doch schön wie Nârâyana, so dass er allen wohl gefällt. Er mag alt und krank aussehen und ist doch im Grunde frei von Gebrechen und fürchtet den Tod nicht. Er mag reich und auf Gewinn versessen erscheinen und ist sich doch stets der Vergänglichkeit bewusst und frei von aller Gier. Er scheint Frauen, Konkubinen und andere Begleiterinnen zu haben und hält sich doch stets von den fünf Geistesgiften fern. Er mag auftreten wie ein Idiot, der dummes Zeug stammelt, und verfügt doch über die höchste Beherrschung der heiligen Rede, den Gipfel der Beredsamkeit. Er erscheint unter den Häretikern, um den wahren Dharma zu lehren und alle Wesen zu erretten. Er tritt auf in allen Welten der Existenz, um deren Wesen zu helfen, die Wurzeln ihres Leidens auszureißen. Es sieht aus, als träte er ins Nirvâna ein, doch tut er es, ohne sich von Geburt und Tod (samsâra) abzutrennen. O Mañjushrî, ein Wesen des Erwachens (bodhisattva), das sich derart dem Nicht-Erwachen hinzugeben vermag, erwacht tatsächlich zum Pfad der Erwachten.[17]

Baizhang Huaihai (Jap. Hyakujô Ekai, 720–813), ein Schüler von Mazu, war der Erste, der Regeln für das Leben in einem Chan-Kloster aufstellte. Natürlich gab es im Indien der Zeit des Buddha ein religiöses Regelwerk, aber die Chinesen, die sich auf das Vimalakîrti-Sûtra beriefen, in dem der Laie Vimalakîrti all die großen Bodhisattvas aufs Glatteis führt, machten es auch Laien und Frauen möglich, als Meister zu wirken. Etliche der Chan-Meister haben die Mönchsrobe wieder abgelegt, entweder aus persönlicher Überzeugung oder um in der Menschenmenge unterzutauchen. Letzteres taten sie vor allem während der großen Buddhistenverfolgungen, die es in China gegeben hat, so etwa während der besonders brutalen Unterdrückung von 842, durch die der Kaiser in wenigen Wochen die buddhistischen Klöster, Meister und Schriften auslöschen ließ. So weitgehend ist dies nicht einmal Mao Zedong gelungen.

Yunmen sagt: «Die Welt ist also groß und weit. Warum sollte ich beim Klang der Glocke das siebenteilige Gewand anlegen?»[18] In unseren Tagen hat etwa ein großer Meister des tibetischen Buddhismus wie Chögyam Trungpa ebenfalls seine Robe abgelegt, um seinen Mitmenschen näher zu sein. Man kann darin eine ultimative Freiheit sehen, einen Mut, der darin besteht, sich unter Wahrung der Essenz der Lehre vom Religiösen abzusetzen. Es gibt auch heutzutage große Chan-Meister, die Laien sind, wie etwa Nuan Huan-chin.

Man könnte die Neurose, von der wir eingangs gesprochen haben, auch als den Moment definieren, in dem die äußere Form die Essenz verdrängt oder in dem die Formen wichtiger werden als die Substanz. Das ist die Gefahr, die in allen religiösen Bewegungen besteht, und es ist interessant, dass die Mystiker aller Religionen vor allem Ikonoklasten waren. Nur allzu häufig wurden sie von der tödlichen Strömung, die jede Tradition ergreifen kann, physisch vernichtet. Der springende Punkt ist, dass der Mystiker sich dem verweigert, was sein unbekümmertes Wandern einengen könnte. Man kann allerdings auch ein Mönch und ein Ikonoklast sein, ohne das Mönchsgewand abzulegen, wie das Beispiel vieler Chan-Meister zeigt.

Der Buddhismus hat sich immer an die Kultur angepasst, in die er hineingetragen wurde – das ist eine seiner Stärken. Die Koreaner, Vietnamesen und Japaner haben ihre eigenen kraftvollen Formen des Zen hervorgebracht und sind dabei doch der Essenz dessen treu geblieben, was der Buddha Mahâkâshyapa übertragen hat. Den Amerikanern, die im Westen die Ersten waren, die dem Zen großer Meister wie Maezumi Rôshi oder Suzuki Rôshi begegnet sind, ist es gelungen, ein originelles und innovatives westliches Zen hervorzubringen, wie etwa das von Adhyashanti. Auch Thomas Cleary muss hier erwähnt werden, der sein umfassendes Wissen über das Chan dazu benutzt hat, alle grundlegenden Fragen aufzuwerfen und sie durch seine tief greifende Kenntnis der Texte und ein feines Gespür für den Geist der chinesischen Meister zu untermauern. Sein Beitrag ist von wesentlicher Bedeutung, und auf ihm basiert das gesamte abendländische Bestreben, einen frischen Wind in das Chan und das Zen zu bringen. Er hat eine Weise der Übertragung außerhalb der Schriften mit dem Mittel der Schriften erfunden, und nichts würde dem Chan besser entsprechen. Manche dieser westlichen Vertreter des Chan haben eine Konstellation von Formen bewahrt, andere sind das Wagnis eingegangen, in den Raum einzutreten.

Die Kraft des Chan besteht darin, dass ein Meister, sobald er erst einmal von seinem eigenen Meister bestätigt worden ist, in Hinsicht auf seine Methode der Unterweisung über eine enorme Freiheit verfügt, auch wenn er sich dabei weit von den etablierten Formen entfernt. Aber schließlich läuft alles auf eine einzige Frage hinaus: Fördert diese Methode, die im Grunde eine Abwesenheit von Methode ist, das Erwachen bestimmter Individuen oder nicht? Ein Meister muss die Freiheit besitzen, das System, aus dem er kommt, zu kritisieren und es zu erneuern. Dies ist es, was es der Tradition ermöglicht hat, sämtliche politischen und sozialen Umwälzungen zu überleben. Diese Freiheit zu kontemplieren ist etwas Wundervolles, der freie Flug reiner Kreativität. Manche Meister sind dabei ziemlich weit gegangen, wie zum Beispiel Danxia Tianran (Jap. Tanka Tenen), ein Schüler des großen Shitou. Als Shitou ihm die 250 Gelübde vorlas, die ein Mönch bei seiner Ordination ablegt, hielt Danxia sich die Ohren zu und verließ unverzüglich das Kloster. Der großartige Ikkyû zerriss sein Inka, die Urkunde, die seine Erleuchtung bestätigte. Welch ein Mut zum Wesentlichen, welches absolute Wagnis!

FRAGE: Was genau ist der Sinn dieser Gelübde, die in einer Gesellschaft entworfen wurden, die sich total von der unseren unterscheidet? Ist es für einen Menschen des Westens ratsam, sie auch heute noch abzulegen?

ANTWORT: Das ist eine faszinierende Frage. Sie wird nicht immer recht verstanden, weil es in unserer Kultur, die sich grundlegend von den Kulturen der Chinesen, Koreaner und Japaner unterscheidet, beträchtliche Hürden für ein Verständnis gibt. Anders als in der Kultur des Abendlandes gibt es in diesen fernöstlichen Kulturen nämlich kein Konzept der Schuld. Unsere westliche Gesellschaft basiert auf der Schuld, der Erbsünde, und das ist ein schweres Handicap.

Dagegen basiert der Buddhismus auf der Erb-Erleuchtung, der allen Wesen und dem gesamten Universum einschließlich der Materie innewohnenden Erleuchtung. Man kann die Gelübde als die Quintessenz des Verhaltens eines Buddhisten ansehen und in diesem Kontext ein harmonisches Leben führen, was viele Buddhisten auch tatsächlich getan haben. Aber wir sollten auch nicht vergessen, dass viele der Meister, die in China gewirkt haben, wie zum Beispiel Bodhidharma, Jianzhi Sengcan (Jap. Kanchi Sôsan, ?–606), Mazu und Huangbo, betont haben, dass Verfehlungen nur eine Manifestation unserer relativen Natur seien, die im Grunde keinerlei Substanz besitzt.

Der Buddha selbst hat dies im «Sûtra der vollkommenen Erleuchtung» verkündet: «Du musst wissen, dass ein Bodhisattva nicht mehr an die Dharmas [Erscheinungen] gebunden ist und nicht danach strebt, sich von ihnen zu befreien. Er verabscheut weder das Leben noch den Tod, noch ist er dem Nirvâna verhaftet. Er verehrt weder jene, die die Gebote einhalten, noch verdammt er jene, die sie brechen. Er preist weder die fortgeschrittenen Praktizierenden, noch schmäht er die Anfänger. Und warum? Weil alle Wesen erleuchtet sind.»[19]

Man kann aber auch davon ausgehen, dass der Platz eines Bodhisattva mitten in der Gesellschaft ist, dass zu seinem Wirken ein Eintauchen in die Realität gehört, was von vielen der Gebote untersagt wird. Man muss sich also entscheiden, und man sollte sich vor allem nicht dem Bestreben hingeben, die formellen Regeln mehr schlecht als recht an unsere moderne Gesellschaft anzupassen, was buddhistische Kreise in aller Welt heute versuchen. So habe ich etwa folgende Aussage schon tausendmal gehört: «Man darf zwar keine Drogen und keinen Alkohol zu sich nehmen, aber was eigentlich verboten ist, ist, sich zu betrinken oder auf einen Trip zu gehen. Man darf also mit Bedacht trinken und Drogen in Maßen zu sich nehmen. Sexuelle Beziehungen sind zwar verboten, aber nur wenn man die andere Person ‹gebraucht›; wenn man den anderen respektiert, dann sind sie nicht verboten.»

Ich bin versucht zu sagen, dass man die Gebote entweder ohne beckmesserische Einschränkungen einhalten sollte – was bewundernswert und unmöglich wäre – oder dass man nach Maßgabe des eigenen Gewissens und aus königlicher Unabhängigkeit als der einzigen Regel in Harmonie mit dem Kosmos leben sollte. Das ist der Weg, den ich für mich selbst gewählt habe und den ich anderen empfehle: ein Chan von Laien, die in die Gesellschaft integriert sind.

Shunryû Suzuki Rôshi hat das Problem mit den Regeln wunderbar formuliert:

Vorschriften nach Hînayâna-Art einzuhalten bedeutet, die Vorschriften nach Mahâyâna-Art zu verletzen. Wenn ihr unsere Richtlinien nur in einem formalen Sinn befolgt, verliert ihr euren Mahâyâna-Geist. Ehe ihr diesen Punkt versteht, habt ihr immer ein Problem: ob ihr unseren Weg wörtlich befolgen sollt oder ob ihr euch nicht kümmern sollt um die Formalitäten, die wir haben. Doch wenn ihr unseren Weg vollständig versteht, dann gibt es kein solches Problem, denn was immer ihr macht, ist Praxis. … Selbst wenn es den Anschein hat, als ob ihr die Vorschriften verletzen würdet, befolgt ihr sie doch in ihrem echten Sinne. Der entscheidende Punkt ist, ob ihr großen Geist oder kleinen Geist habt. Kurz, wenn ihr alles tut, ohne darüber nachzudenken, ob es gut oder böse ist, und wenn ihr etwas mit eurem ganzen Geist und Körper tut, dann ist das unser Weg.[20]

Und Yunmen zitiert eine hinreißend schlichte Aussage von Sengcan, des dritten Patriarchen: «Wenn sich kein Geist erhebt, dann sind alle Erscheinungen ohne Fehl.»[21]

Begreifen Sie diese geräumige und grenzenlose Haltung, wählen Sie in Freiheit, doch vermeiden Sie alle halben Sachen, denn in einem solchen Fall führt jeder Mangel zu Schuldgefühlen, und Schuldgefühle sind das Hindernis Nummer eins für ein Erwachen. Seien Sie offen und direkt, wagen Sie es, Ihre eigene Wahrheit auszusprechen, geben Sie nicht vor, Regeln einzuhalten, die Sie selber nicht befolgen, und es wird dem Sangha wesentlich besser gehen. Die Heuchelei ist das schlimmste Gift, und es kann einen ganzen Sangha zerstören.

FRAGE: Erklärt das, warum Sie keine Ordination geben und Schülern keine Gelübde abverlangen?
ANTWORT: Das ist eine ganz persönliche Entscheidung. Wenn einer meiner Schüler ordiniert werden möchte, dann akzeptiere ich das natürlich und schicke ihn nach China, damit er oder sie sich dort ordinieren lassen kann. Ich führe die Zufluchtnahme durch, aber erst, nachdem die Übung gefestigt ist.

FRAGE: Was hält Ihren Sangha zusammen, wenn es diese Formen nicht gibt?
ANTWORT: Das Bewusstsein, die Hingabe, die Großherzigkeit, die Übung des Sitzens und des meditativen Gehens, welches zwischen die Perioden stiller Meditation eingeschoben ist. Die lebendige Aktualisierung des Konzepts, dass das gesamte Universum der Sangha ist, dass es nicht um eine «buddhistische Konformität» geht, sondern dass eine tiefe Verbindung zwischen allem besteht, was an unserer Buddha-Natur teilhat. Die Beweglichkeit, die Spontaneität, die Abwesenheit von Kennzeichen.

FRAGE: Ich war verblüfft zu sehen, wie frei bei Ihnen die Übung des Sitzens und noch mehr die des Gehens um den Buddha herum gehandhabt wird. Das hat nichts mit dem japanischen Ansatz des Zen zu tun, den ich seit acht Jahren praktiziert habe.

Antwort: Es ist wichtig, dass die Haltung nicht steif ist, dass der Körper geschmeidig ist, entspannt, kreativ, empfindsam für die grenzenlose innere Bewegung in Einklang mit der Bewegung des Kosmos, dass der Atem voll und natürlich ist. Meister Xu Yun, der in China als der größte Chan-Meister des 20. Jahrhunderts gilt, definiert die Haltung folgendermaßen: «Wenn ihr in Chan-Meditation dasitzt, ist die natürliche Haltung die korrekte Haltung. Man darf das Kreuz nicht nach vorn drücken, denn das lässt die innere Hitze aufsteigen und Tränen fließen, es führt zu Mundgeruch, macht das Atmen schwierig, ruft Appetitmangel und manchmal sogar Erbrechen von Blut hervor. Das Kreuz darf aber auch nicht schlaff und bei nach vorn sinkendem Kopf nach hinten durchhängend sein, denn das führt schnell zu einem trägen Geist.»[22]

Welche Methode wir auch annehmen, es ist nicht leicht, in der großen Entspannung zu ruhen, sich selbst völlig zu vergessen und zu spüren, wie die eigene Form im Samâdhi die Welten umfängt. Manche brauchen dazu einen strengen Rahmen, andere nicht. Es liegt an jedem Einzelnen, die für ihn richtige Haltung zu finden. Xu Yun hat oft mit den Händen auf den Knien meditiert. Die Meditation ist der natürliche Zustand. Der erleuchtete Laie Vimalakîrti sagt im Vimalakîrti-Nirdesha-Sûtra zu Shâriputra, den er unter einem Baum im Wald in Meditation versunken vorfindet:

Ehrwürdiger Shâriputra, dies ist nicht die Weise, wie man sich in Meditation versenkt. Du solltest dich so in Meditation versenken, dass weder Körper noch Geist irgendwo in den Drei Welten [der Begierde, der Form und der Formlosigkeit] erscheinen. Du solltest dich so in Meditation versenken, dass du die alltäglichen Verhaltensweisen manifestieren kannst, ohne aus dem Nirvâna herauszufallen. Du solltest dich so in Meditation versenken, dass du die Natur eines gewöhnlichen Menschen manifestieren kannst, ohne von deinem wahren Wesen Abstand zu nehmen. Du solltest dich so in Meditation versenken, dass dein Geist sich weder im Inneren festsetzt noch sich nach außen zu den äußerlichen Formen hinbewegt. Du solltest dich so in Meditation versenken, dass die siebenunddreißig Hilfsmittel zur Erleuchtung[23] manifest sind, ohne dass du in irgendwelche Überzeugungen abirrst. Du solltest dich so in Meditation versenken, dass du vollkommene Befreiung findest, ohne dich von den Leidenschaften abzuwenden, die die Kennzeichen des Weltlichen sind.

Ehrwürdiger, von denen, die sich also in Meditation versenken, sagt der Buddha, dass sie wirklich in Meditation versunken sind.[24]

Yunmen gibt uns einen wundervollen Hinweis darauf, was die korrekte Meditation ist: «Etwas, das man im Fluss verloren hat, findet man auch im Fluss wieder.»

FRAGE: Und das meditative Gehen?

ANTWORT: Das Gehen, wie wir es praktizieren, kommt aus der Tang-Dynastie. Es ist ein lebhaftes und freies Umschreiten des Buddha, sehr energiegeladen und sehr entspannend, so etwas wie ein großes lebendes Mandala, in dem die freien Einzelteile mit unterschiedlicher Geschwindigkeit kreisen. Doch ganz allmählich entsteht in dem, was zunächst ungeordnet erscheint, eine unglaubliche Harmonie, durchpulst vom Rhythmus der Bewegung der Schenkel unter den Gewändern. Das ist eine wunderbare und bezaubernde Musik, zu der die Individuen in die Unendlichkeit einschmelzen, eingerahmt vom Gehen des Meisters, der ein Quadrat um den Kreis der Übenden abschreitet.

FRAGE: Was für weitere Freiheiten nehmen Sie sich noch?

ANTWORT: DAS SIND KEINE FREIHEITEN, DIE ICH MIR nehme, das ist etwas ganz und gar Traditionelles – so wird in den chinesischen Klöstern praktiziert. Aber davon abgesehen, nehme ich mir in anderer Hinsicht Freiheiten. So dürfen zum Beispiel in China Frauen – selbst ordinierte Frauen oder solche, die als Sifu (Meister) bestätigt sind – die Meditationshalle der Mönche nicht betreten. Für uns widerspricht das nicht nur den Gesetzen gegen die Diskriminierung, sondern auch der in den Lehren immer und immer wieder betonten absoluten Gleichheit von Frauen und Männern. Die Chan-Meister und der Buddha haben bekundet, dass es keinen Unterschied zwischen Männern und Frauen gibt, und ich nehme das in der Praxis ernst. Wenn Frauen und Laien keinen Zugang zu der Zen-Unterweisung bekommen, war das schon immer ein Zeichen der Degeneration. So etwas geschieht, wenn religiöse Eiferer die Essenz der Lehre verdecken.

FRAGE: Fürchten Sie nicht, dass Sie mit diesen Freiheiten die Vertreter eines formelleren Buddhismus, dessen Formen und dessen Ethik strenger definiert sind, gegen sich aufbringen?
ANTWORT: Das mag sein, aber das ist mir egal. Ich folge meinem Weg, weil ich überzeugt bin, dass es an der Zeit ist, zum ursprünglichen Geist des Zen zurückzukehren. Bei dem, was ich anbiete, gibt es nichts, was nicht auf den Schriften basiert. Tatsächlich nehme ich mir nur die Freiheit heraus, der großartigen Vision der Alten zu folgen – das ist alles.

Wir leben in einer Welt, die unter religiösem Konformismus erstickt, und ich widersetze mich dieser Entwicklung. Bedenken Sie, dass die Mönche in der Anfangszeit des Chan an der rechten Hüfte ein langes oder kurzes Schwert trugen; dazu dienten die Kordeln an der Robe. Heute binden wir die Kordeln nicht fest, um das Tragen des Schwertes zu symbolisieren. Die Waffe diente der Selbstverteidigung gegen Wegelagerer und wilde Tiere, aber sie war auch ein Zeichen der vollkommenen Freiheit der Mönche, die sich weigerten, sich irgendeiner Macht zu unterwerfen, sei es eine religiöse oder politische Macht. Wollte man einen Meister zwingen, dem Kaiser oder einem Provinzgouverneur zu gehorchen, dann benutzte dieser eher sein Schwert, um sich selbst zu töten, als sich der Macht zu unterwerfen.

Eines Tages schickte ein Kaiser Soldaten zu einem Meister mit der Order, er habe sich bei Hof einzufinden. Der Kaiser ließ ihm großzügig die Wahl: Entweder er begebe sich in den Palast oder es koste ihn seinen Kopf. Also beugte der Meister sich vor, schob den Kragen seiner Robe zurück und sagte zu den Soldaten: «Nur zu, dann bringt ihm meinen Kopf.» Der Befehlshaber der Soldaten wagte es nicht, ihn enthaupten zu lassen, und der Kaiser war so beeindruckt vom Mut des Meisters, dass er ihn selber besuchte und zu einem seiner eifrigsten Schüler wurde.

Also was soll's, ob man mich nun lobt oder kritisiert. Ein Mangel an Kreativität ist der Tod jeder Tradition, und manchmal muss man fixe Konzepte, die vielleicht durch ständigen Gebrauch zur Gewohnheit geworden sind, die aber nicht mit der höchsten Ausdrucksform des Chan in Einklang stehen, auf den Kopf stellen.

Wenn wir nicht glauben wollen, dass es im Abendland eine Erneuerung des Chan und Zen geben kann, dann leugnen wir damit den vitalen Geist des Buddhismus. Wenn ich zur Befreiung auch nur eines einzigen Lebewesens beitragen kann, dann riskiere ich gern jeglichen Status und alle Anerkennung. Dann verbrenne ich gern meinen Fliegenwedel.[25] Ich habe keine Ambitionen, die darüber hinausgehen, ein Übender zu sein, ein Mensch wie alle anderen, der die Lehren lebt und der den Dharma der Identität aller Wesen in der räumlichen Dimension der täglichen Praxis mitten in der Gesellschaft offenbart. Kein Ort in dieser Welt macht mir Angst. Da gibt es nichts, das nicht eine Manifestation des Absoluten wäre. Ein Bahnhof ist so gut wie eine Meditationshalle. Eine Rave-Party ist so gut wie ein Kloster.

FRAGE: Betrachten Sie sich selbst als einen Mönch oder als einen Laien?
ANTWORT: Ich fühle mich nicht mehr durch diese Kategorien eingeschränkt. Um das Leben eines Mönchs führen zu können, muss man in einem Kloster leben. Wenn man innerhalb der Gesellschaft lehrt, dann muss man auch ganz in die Gesellschaft eintauchen. Aber all diese Fragen berühren nur die Oberfläche. Entweder man ist in den Kern des Chan eingedrungen und vermag deshalb zu lehren, ob man nun ein Mann oder

eine Frau, ein Mönch oder ein Laie, ein Baum oder ein Fluss ist, oder man ist nicht eingedrungen, und dann ist das Lehren bloßer Betrug.

So hat Meister Mian gesagt: «Erst wenn du ganz lebendig bist und nicht mehr gefangen und eingesperrt werden kannst, hast du eine gewisse Unabhängigkeit. Dann kannst du den ganzen Tag lang in der gewöhnlichen Welt sein, ohne dass sie Einfluss auf dich gewinnt.»[26] Und Yingan zielt in dieselbe Richtung: «Wenn du durchbrichst, kann niemand dich mehr festnageln und niemand dich zurückrufen.»[27] Und Zibo sagt wunderbar: «Wenn du guten Gebrauch von ihnen machst, sind Gifte nie etwas anderes gewesen als das Lebenselixier. Wenn du keinen guten Gebrauch davon machst, ist das Lebenselixier nie etwas anderes gewesen als Gift.»[28]

Frage: Was ist das, ein «guter Gebrauch»?

Antwort: Ein spontaner Gebrauch, frei von Konditionierungen und unterscheidendem Denken. Der Eine Geist!

Über zehntausend Meilen nicht ein einzelner Grashalm,
Bis ins Unendliche kein Rauch, kein farbiger Dunst.
Ist es viele Jahre lang also mit dir bestellt,
Sollte es dann noch nötig sein, sich zum Mönch zu machen?

Xuefeng Yicun[29] *(821–882)*

Der Garten ohne Form

Das Chan ist auf eine Geste gegründet. Als der Buddha nämlich einst auf dem Geiergipfel weilte, hielt er, ohne ein Wort zu sagen, vor den versammelten Mönchen und anderen Zuhörern eine Blume in die Höhe. Die Anwesenden waren perplex, nur der große Mahâkâshyapa lächelte; er hatte die Geste seines Meisters begriffen. Also sagte der Buddha: «Ich habe den Schatz des Auges des Wahren Dharma, den unaussprechlichen Geist des Nirvâna. Ich vertraue ihn Mahâkâshyapa an.»[30] Aber was hat er Mahâkâshyapa da tatsächlich anvertraut? Wenn der es nicht schon gehabt hätte, hätte er nicht gelächelt!

Seither hat der Geist des Chan bis in die heutige Zeit fortbestanden. Doch welchen Dharma hat der Buddha Mahâkâshyapa übertragen? «Die letzte Wahrheit, von der ich spreche, hat keine Form, auf die man sich stützen könnte», sagt der Buddha. Und das Chan wird in eben diesem Raum ohne Form von Herz-Geist zu Herz-Geist übermittelt, außerhalb der Schriften, ohne Bezugnahme auf die Sûtras, durch die direkte Konfrontation von Meister und Schüler. Der Suchende geht also von Begegnung zu Begegnung, bis ihm eines Tages in schockierender Unmittelbarkeit seine eigene Buddha-Natur offenbar wird, die Erleuchtung. Foyan gibt eine einfache und erhellende Definition des Chan: «Das Chan beruht nicht auf der Prämisse, dass es eine Lehre gibt, die man übertragen könnte. Es geht darin nur um eine direkte Unterweisung, die uns zum Herz-Geist des Menschen führt, der Wahrnehmung des eigenen Wesens und der Verwirklichung der Erleuchtung.»[31]

In diesem Garten ohne Form gibt es nur eine einzige Quelle, nämlich die unserer weiten und geräumigen ursprünglichen Natur, die es jedem Baum ermöglicht zu wachsen, indem er seine Wurzeln wiederfindet.

Bodhidharma, der 28. Patriarch in Indien, hat diese Tradition im sechsten Jahrhundert nach China getragen und ist somit zum ersten chinesischen Patriarchen geworden. Während der Übertragung von ihm bis hin zu Huineng, dem sechsten Patriarchen, hat die gesamte ikonoklastische Aufladung und Subtilität des Chan ihre freie Ausformung gefunden, die dann durch eine ununterbrochene Übertragungslinie von Meistern bis zum berühmten Xu Yun, «Leere Wolke», (1839–1959), dem Träger der Überlieferung der Fünf Häuser, weitervermittelt wurde und dann zu Jing Hui Sifu, einem seiner Nachfolger.

Der Glanz dieser Überlieferung ist es wert, dass wir ein wenig bei einigen ihrer Patriarchen verweilen, um auf den Geschmack ihrer schwer zu begreifenden Unterweisungen zu kommen, welche die vielfältigen Facetten eines glitzernden Diamanten darstellen.

Der Buddha erfuhr die Erleuchtung in dem Moment, als er beim Anblick der am Morgenhimmel blinkenden Venus aus der Meditation auftauchte. Seine ersten Worte bestätigen, dass alle Wesen gleichzeitig mit ihm die Erleuchtung erlangt haben: «Ich und die Große Erde und alle Lebewesen haben gemeinsam Erleuchtung erlangt.»

Jedermann wurde die Buddha-Natur zuerkannt, und damit war das Fundament des Buddhismus gelegt. Seither geht es für uns alle darum, unsere eigene Natur außerhalb aller Dogmen und ohne jeglichen Bezug auf die Schriften – also jenseits aller festgelegten Formen – zu erkennen. Dies ist das Wesen des Chan, wie es vom Buddha selbst offenbart wurde, eine direkte Übertragung von Herz zu Herz oder von Geist zu Geist, den beiden Facetten des Seins, denen wir uns so leicht entfremden. Der Geist ist das Herz, das Herz ist der Geist.

Vasumitra, der siebente indische Patriarch, bestätigte diese Verbundenheit des Geistes mit der ursprünglichen Natur: «Der Geist gleicht dem leeren Himmel. Er bestätigt einen Dharma, der dem Raum gleicht. Wird die weite Leere verwirklicht, dann gibt es keinen Dharma mehr und auch keine Abwesenheit eines Dharma.» Doch wenn Sie aus dieser weiten Leere ein Prinzip machen, dem Sie anhängen, dann schließen Sie die Pforte zum Chan. Wenn Sie bereits eingetreten sind, dann legt allein die Stille Ihres Herz-Geistes Zeugnis für Ihre Rückkehr zum ursprünglichen Zustand ab. Bevor es dazu gekommen ist, besteht die Praxis der den Patriarchen folgenden Adepten des Chan im Wanderleben und in der Begegnung mit Meistern.

Buddhanandi, der achte indische Patriarch, hat diese Offenbarung des Essenziellen in folgendem Gedicht weiter ausgeführt:

Die weite Leere hat weder Kern noch Rand,
Mit den Dharmas und dem Herz-Geist ist es ebenso.
Ist die Identität mit der Weite erst einmal verwirklicht,
Dann hat man die Wahrheit der Soheit begriffen.

Punyayashas, der zwölfte indische Patriarch, fügt eine Prise Geheimnis hinzu: «Du willst um den Buddha wissen? Das, was nicht weiß, ist der Buddha!»

In diesem genialen Schachzug verschmilzt der Patriarch mit dem Unerkennbaren, in dem der Buddha wohnt. Das ist von einer Subtilität, die schaudern macht. Es ist eine Rückkehr zu dem, was die Chinesen als unser wahres Gesicht vor unserer Geburt bezeichnet haben. Dieses Himmel-Gesicht zu erkennen, dazu laden sie uns mit einem Wort, einer Geste, einem Schrei ein. Darin gibt es nichts Religiöses und nichts Gelehrtes. Die Vier Edlen Wahrheiten und alle Dharmas sind jenseits davon angesiedelt, im Kreislauf von Tod und Wiedergeburt. Punyayashas spricht von dem stillen Zwischenraum, dem des nicht geformten jungfräulichen Geistes, von der ursprünglichen Freiheit.

Jayata, der 20. indische Patriarch, betont einen anderen Punkt: «Ich suche nicht nach dem Weg und bin doch nicht verirrt. Ich bekenne mich nicht zum Buddha, doch verweigere ihm nicht meinen Respekt. Ich setze mich nicht für lange Zeit zur Meditation nieder und doch bin ich kein Faulenzer. Ich faste nicht, doch esse ich auch nicht übermäßig. Ich bin nicht erfüllt, und doch mangelt es mir an nichts. Wenn der Geist nichts sucht, so ist das der Weg.» Jayata brandmarkt den religiösen Moralismus, die Entsagung, das puritanische Regelwerk zu Gunsten eines Lebens der Ausgeglichenheit, das zu einer Befriedung des unablässigen Strebens nach Verwirklichung der Lehre führt, also zur Freiheit.

Haklena, der 23. indische Patriarch, trifft den Kern des Problems: «Wenn du etwas anwendest, was immer es auch sei, so ist das keine Tugend. Wenn du ohne Einschränkungen bist, so ist das die Verwirklichung eines Buddha. Wenn du die Leere offenbaren willst, dann überdecke sie nicht. Vollkommen offen, rein und friedvoll ist dies die ursprüngliche Klarheit.»

Im Zentrum der Botschaft der Patriarchen steht die Aussage, dass man sich nicht auf Hilfsmittel verlassen sollte. Ihnen ging es um die Entwicklung innerhalb eines Raumes des Bewusstseins, in dem sie von der Notwendigkeit von Regeln und Formalismen Abschied nahmen, einem Rahmen, der für die meisten eher erdrückend als befreiend ist, da er Schuldgefühle erzeugt, die nun einmal das Haupthindernis für die Erkenntnis der eigenen Natur sind.

So viel zum Bestellen des weiten Feldes durch die indischen Patriarchen in einer Linie, für die Bodhidharma der entscheidende Wendepunkt der Übertragung nach China werden sollte. Bodhidharma, der Überlieferung nach ein Prinz, brach von Südindien auf dem Seeweg auf und gelangte nach einer Überfahrt voller Gefahren nach China. Seine erste Begegnung mit dem Kaiser Wu von Liang brachte nicht viel. Bodhidharma riskierte sein Leben, indem er dem Kaiser, einem Anhänger des Buddhismus, versicherte, er habe keinerlei Verdienst dadurch erworben, dass er Tempel errichtet und die neue religiöse Strömung in China gefördert habe. Auf die Frage des Kaisers: «Wen haben wir da vor Uns (der es wagt, auf diese Weise mit Uns zu sprechen)?», antwortete Bodhidharma unbeirrt: «Weiß nicht.» Damals wurden Leute schon wegen kleinerer Verstöße gegen die Hofetikette enthauptet. Die Verbannung, die er sich einhandelte, war da noch eine milde Strafe. Bodhidharma zieht also allein von dannen, wie es in manchen Quellen heißt, allerdings in Begleitung der Tochter des Kaisers, die von der Charakterstärke des Inders beeindruckt war und die die erste Frau gewesen sein soll, die die Unterweisung des Meisters erhielt. Doch welche Unterweisung? Bodhidharma erreichte das Kloster Shaolin und setzte sich in einer Höhle in dessen Nähe vor einer Felswand zur Meditation nieder. Er blieb dort neun Jahre lang in stiller Meditation sitzen, was in den folgenden Jahrhunderten zu der brennenden Frage führen sollte: «Warum hat Bodhidharma neun Jahre lang still vor der Wand gesessen?» Unter den Hunderten von Antworten, die von großen Chan-Meistern gegeben wurden, gefällt mir die von Xuansha Shibei (Jap. Gensha Shibi, 835–908) wegen ihres Humors: «Bodhidharma hat deshalb neun Jahre still gesessen, weil er als Inder kein Wort Chinesisch sprach.»

Aber schließlich hat Bodhidharma doch gesprochen und uns die Quintessenz seiner Lehre überliefert. Ohne irgendwelche Konzessionen zu machen, geht er direkt an die Wurzel des mit dem Buddha identischen Geistes:

Der Zugang der Vernunft besteht darin, auf Grund von Belehrung das Wesentliche zu erkennen und daran zu glauben, dass alle Lebewesen dieselbe wahre Natur haben. ... Diejenigen, die den Täuschungen den Rücken kehren und sich der Wirklichkeit zuwenden, die einer Wand zugekehrt meditierend die eigene Nicht-Existenz und die Nicht-Existenz anderer sowie die Einheit von den gewöhnlichen Wesen und den Weisen realisieren und deren Gemüt unbeweglich bleibt, selbst beim Lesen oder Hören der Schriften, befinden sich in vollständiger und stillschweigender Übereinstimmung mit der Vernunft.[32] ...

Wer nichts begehrt, ist auf dem Weg.[33] ...

Dieser Geist ist Buddha. ... Wenn man den eigenen Geist benutzt, um einen Buddha zu suchen, wird man Buddha nicht finden. Solange man woanders sucht, wird man nie erkennen, dass der eigene Geist Buddha ist. Bitte, benutze nicht einen Buddha, um einen Buddha zu verehren. Und benutze nicht den Geist, um einen Buddha anzurufen. Buddhas rezitieren keine Sûtras. Buddhas befolgen keine Gebote. Aber Buddhas brechen auch keine Gebote. Buddhas halten oder brechen überhaupt nichts. Buddhas tun weder Gutes noch Böses.[34] …

Dieser Geist … hat nie gelebt und ist nie gestorben, ist nie in Erscheinung getreten und nie verschwunden. … Er ist wie Raum.[35] …

Wenn ihr direktes Verstehen sucht, haftet an keiner Erscheinung, welcher Art sie auch sein mag. Dann wird euch sicherlich Erfolg beschert.[36] …

In den Schriften heißt es auch: ‹Das, was frei von allen Formen ist, ist Buddha.›[37] …

Die Lehren dienen nur dazu, auf den wahren Geist hinzuweisen. Warum sollte man sich um all die Lehren kümmern, nachdem man den Geist einmal gesehen hat? … Wenn ihr den Pfad wirklich finden wollt, dürft ihr an gar nichts festhalten.[38] …

In Indien gaben die 27 Patriarchen nichts anderes weiter als das Siegel ihres Geistes, und auch ich kam nach China, um die unmittelbare Lehre des Mahâyâna zu überbringen. … Ich spreche nicht über Gebote, Übungen der Hingabe oder Askese.[39] …

Sie [die Sûtras] sagen: ‹Überwinde die Sprache, überwinde das Denken.›[40] …

Wenn du im Irrtum befangen bist, gibt es Verfehlungen; in der Befreiung gibt es keine Verfehlungen. Denn das Wesen der Verfehlung ist leer. Wenn man nicht versteht, sieht richtig falsch aus.

Wenn man versteht, ist falsch nicht falsch. Denn falsch gibt es nicht. Die Sûtras sagen: ‹Kein Ding hat sein eigenes Wesen.› Handle entsprechend. Zweifle nicht.[41] … Sein Herz [das Herz des Weisen] ist leer und so groß wie der Himmel.[42] …

Was den Weg anbetrifft, so gibt es weder Mann noch Frau, weder reich noch arm. Als die Göttin den Weg vollendete, änderte sie ihr Geschlecht nicht.[43] …

Rezitation und wahrhaftige Anrufung sind zwei grundverschiedene Dinge. Rezitation wird mit dem Mund gemacht, Anrufung mit dem Herzen. … Rezitation konzentriert sich auf die Stimme und hat einen Klang zur Folge. Wer sich auf der Suche nach einem tieferen Sinn an die Erscheinungen klammert, wird nichts finden. Deshalb kultivierten die Weisen der alten Zeit die Innenschau und nicht das Reden.[44]

Es gelang Bodhidharma mit wenigen Sätzen die Essenz des Weges, die Übung und die Suche außerhalb aller Konventionen und außerhalb aller Religiosität in der grundlegenden Stille zu positionieren. Kein Wunder, dass die daoistischen Einsiedler von ihm fasziniert waren, kein Wunder, dass Bodhidharma den Buddhismus von seinem Beiwerk befreite. Seine Worte sind glasklar und einschneidend wie das Schwert von Mañjushrî.[45]

In die Einsamkeit
Der Berge und Seen
Fliehen sie,
Die weltlichem Tun entsagen,
Und bleiben gefangen
Im Streben nach Ehre und Macht. –
Mein mönchisches Laken
Deckt Nacht für Nacht
Uns Liebende zu –
Flüsternde Zärtlichkeit,
Beglückende Anmut –
Welch süßer Friede.[46]

Ikkyû Sôjun

Rückkehr zur strahlenden Quelle

Sengcan, der dritte chinesische Patriarch, hat uns in seinem großartigen Gedicht Xinxinming, «Die Meißelschrift vom Vertrauen auf den Geist», die Essenz des Chan in poetischen Worten übermittelt:[47]

Der höchste Weg ist gar nicht schwer,
Allerdings abhold wählerischer Wahl;
Nur wo es nicht Hass noch Liebe gibt,
Ist alles klar und unverhüllt.

Weichst du auch nur um Haaresbreite davon ab,
Klaffen Himmel und Erde auseinander;
Willst du Es klar vor Augen haben,
Dann beharre nicht auf Für und Wider.

Der Widerstreit von Zu- und Abneigung
Ist wahrlich die Krankheit des Geistes;
Wer dieses profunde Prinzip nicht begreift,
Müht sich vergebens, das Denken zum Schweigen zu bringen.

Es ist vollkommen, so wie die große Weite,
Nichts, das da fehlte, nichts, das zu viel wäre;
Nur weil du begehrst oder zurückweist,
Begreifst du die Soheit der Dinge nicht.

Jage dem, was bedingt ist, nicht hinterher,
Noch richte dich ein in der Abgeschiedenheit der Leere;
Im Einen verwurzelt, ist das Gemüt in Frieden
Und die Verblendung endet von selbst.

Höre auf mit dem Machen und kehre zurück zur Stille,
Dann wandelt sich Stille in alles durchdringendes Tun.[48]
Bleibst du stecken in der Dualität,
Wie willst du das Eine dann erkennen?

Wenn du das Eine nicht durchdringst,
Bleiben Handeln wie Stille ohne Erfolg.
Willst du die Dinge verbannen, versinkst du in den Dingen,
Gibst du dich der Leere hin, kehrst du der Leere den Rücken.

Machst du viele Worte und hast viele Gedanken,
Kannst du nicht im Einklang mit den Wandlungen sein.

Doch schneidest du Worte und Denken ab,
Gibt es nichts, das nicht durchdrungen würde.

Wer zur Wurzel zurückkehrt, gelangt zum Wesen,
Wer den Trugbildern folgt, der verpasst die Essenz.
In nur einem Moment der Rückkehr von den Trugbildern
Geht man auch noch über die Leere hinaus.

Wandlungen, die in der Leere vor sich gehen,
Sind alle nur abhängig von irrigen Ansichten.
Es ist nicht nötig, eifrig die Wahrheit zu suchen,
Du musst nur von allen Vorstellungen lassen.

Verweile nicht bei dualistischen Ansichten,
Und hüte dich, ihnen endlos nachzugehen.
Ist da nur ein Hauch von Richtig oder Falsch,
Geht der Geist in Verblendung verloren.

Die Zweiheit existiert abhängig vom Einen,
Doch bleibe nicht bei der Einheit stehen.
Wo der Eine Herz-Geist sich nicht erhebt,
Sind die zahllosen Dharmas ohne Fehl.

Kein Fehler, und es gibt keine Dharmas,

Kein Sich-Erheben, und es gibt keinen Herz-Geist.
Das Subjekt folgt dem Objekt und verlöscht,
Das Objekt folgt dem Subjekt und versinkt.

Vom Subjekt abhängig, ist das Objekt Objekt,
Aufgrund des Objekts ist das Subjekt Subjekt.
Willst du wissen, was diese beiden sind?
Sie sind von Anbeginn nur Eine Leere.

In der Einen Leere sind beide gleichzeitig vorhanden,
Zusammen mit den zehntausend Erscheinungen.
Unterscheidest du nicht zwischen «Fein» und «Grob»,
Wie könnte es dann parteiische Ansichten geben?

Der Große Weg an sich ist offene Weite,
Nichts Schwieriges, nichts Leichtes gibt es da.
Kleinliches Denken bringt Zweifel und Zaudern hervor,
Mal ist es vorschnell, mal hinkt es hinterher.

Wenn du festhalten willst, kommst du aus dem Takt

Und gerätst gewiss auf Irrwege,
Wenn du loslässt, erfährst du das Von-selbst-So (ziran)[49]*,*
Darin gibt es kein Gehen, kein Verweilen.

Folgst du deiner Natur, bist du im Einklang mit dem Weg,
Du wanderst in Muße aller Sorgen bar.
Mit diskursivem Denken verstößt du gegen das Wahre,
Versinkst in Dunkelheit und bist nicht authentisch.

Es ist nicht gut, sich den Geist zu zermartern.
Warum also in Für und Wider denken?
Möchtest du in das Eine Fahrzeug eintreten,
Dann wende dich nicht ab von den Sechs Arten des Staubs[50]*.*

Die sechs Sinne nicht zu verabscheuen,
Das kommt der vollen Erleuchtung gleich.
Der Weise übt das Nichttun (wuwei),
Der Narr fesselt sich selbst.

Ein Ding ist nicht vom anderen Ding verschieden,
Nur das verblendete Ich hat Vorlieben.
Den Geist mit dem Geist zu suchen,
Ist das nicht der größte aller Fehler?

Verblendung gebiert Ruhe und Chaos,
Erleuchtung ist ohne Liebe und Hass.
Jedwede dualistische Anschauung
Erzeugen wir selbst in unserem Wahn.

Traumbilder, Illusionen, nichts als Blüten in der Leere,
Warum sich bemühen, sie festzuhalten?
Gewinn und Verlust, Richtig und Falsch,
Besser du lässt sie mit einem Male fahren.

Wenn dein Weisheitsauge nicht schläft,
Verschwinden die Traumbilder ganz von selbst.
Wenn dein Geist keine Unterscheidungen trifft,
Sind die Myriaden Erscheinungen eine Soheit.

Der Zustand der Soheit ist unergründlich,
Gänzlich unbewegt, karmische Bedingtheit vergessen.
Schaust du die Myriaden Erscheinungen als gleich,
So kehrst du zurück zur totalen Unbedingtheit (ziran).

Hat Verursachung aufgehört,
Lassen sich keine zwei Seiten einander gegen-

überstellen:
Bewegung hört auf – vollkommene Unbe-
wegtheit,
Ruhe wird bewegt – keinerlei Ruhe mehr.

Wo keinerlei Dualität vorhanden ist,
Wie könnte es da eine «Einheit» geben?
Letztlich und endlich
Ist alles völlig unfassbar und unerklärlich.

Ist der Herz-Geist also vollkommen unvor-
eingenommen,
Und hat alles Tun und Machen aufgehört,
Dann sind Zaudern und Zögern völlig aus-
geräumt,
Und der wahre Glaube ist unumstößlich eta-
bliert.

Nichts bleibt zurück,
Keine Erinnerung mehr nötig,
Strahlende Leere, von selbst erleuchtet,
Ohne jegliche Anstrengung des Geistes.

Dieser Ort des Nicht-Erwägens
Bleibt unergründlich für Wissen und Fühlen.
In der wahren Soheit der Welt der Erschei-
nungen
Gibt es weder Objekt noch Subjekt.

Verlangst du eine kurzgefasste Antwort,
So bleibt nur zu sagen: Nicht-Zwei!
Im Nicht-Zwei sind alle Dinge eins,
Nichts, was darin nicht enthalten wäre.

Die Weisen der Zehn Richtungen[51]
Sind alle in diese Wahrheit eingetreten.
In der Wahrheit gibt es weder Kurz noch Lang,
Ein Gedankenmoment währt Myriaden Jahre.

Es gibt weder Sein noch Nicht-Sein,
Nur die Unendlichkeit vor unseren Augen.
Das winzig Kleine ist dasselbe wie das Große,
Denn Abgrenzungen sind nicht auszumachen.

Sein ist gleich Nicht-Sein,
Nicht-Sein ist gleich Sein,
Was nicht die Soheit ist,
Das braucht man nicht festzuhalten.

Eins ist Alles,
Alles ist Eins;
Habt ihr es also begriffen,
Müsst ihr euch nicht um Unvollkommenheit sorgen.

Der glaubende Geist ist nicht dualistisch,
Nichtdualität ist Vertrauen auf den Geist.
Der Weg der Worte ist damit erschöpft –
Es gibt keine Vergangenheit, Zukunft und Gegenwart.

Die Botschaft des dritten Patriarchen, der durch seine Erleuchtung von der Lepra geheilt wurde, betont die Einheit aller Dinge, die Nicht-Unterscheidung, die totale Bedingungslosigkeit (ziran), das Nicht-Anhaften an Vorstellungen, die uns Vorstellungen des Buddhismus zu sein scheinen, das Nicht-Verweilen bei dem einen oder anderen Aspekt der Lehre, die Gleichheit aller Dharmas (Dinge, Erscheinungen), das Gegenwärtigsein für die Sinneserfahrung und ein Annehmen der Erscheinungen, das auf der uns innewohnenden und ursprünglichen Erleuchtung aller Wesen und Dinge beruht. Es geht um ein einheitliches, unaufgespaltenes Bewusstsein, in dem Mensch, Tier, Pflanze und Materie als freie Partikel glückselig in der Unendlichkeit kreisen. In seiner Großzügigkeit gewährt Sengcan uns einen Zugang zur Wirklichkeit, der zum großen Loslassen des Erwachens führt. Diese Schrift ist zugleich ein philosophischer Text, ein Gedicht und ein Zeugnis praktischer Mystik, in dem Subjekt wie Objekt im weiten Raum des Geistes aufgehen. Es ist interessant, hier anzumerken, dass das chinesische Schriftzeichen «xin» sowohl Herz als auch Geist bedeutet – ein Punkt, den zu meditieren uns westlichen Menschen gut anstünde.

Schaut her, schaut her,
wie ich meinen Phönix Geist pflege:
Schwalben, Spatzen, Tauben, Krähen
sind hier gleichermaßen willkommen.
Rinzai pflanzte Föhren,
Ikkyû lässt Bambus wachsen –
Die Nachwelt wird uns dafür loben,
etwas Nützliches getan zu haben.[52]

Ikkyû Sôjun

Nichtwissen ist am dichtesten

Dayi Daoxin (Jap. Daii Dôshin, 580–651), der vierte chinesische Patriarch, betonte vor allem die dem Geist innewohnende Freiheit.

Die Originalität von Daoxin besteht darin, unablässig auf unsere reine und absolute Quelle hinzuweisen, auf die Neutralität der Dinge, die weder gut noch schlecht sind, solange der Geist sie nicht mit solchen Zuschreibungen belegt, auf das Auftauchen von Freude und darauf, dass unser Geist frei und lösgelöst von meditativer Praxis bleiben sollte. Er postuliert die Gleichheit von Leidenschaften und Nirvâna. Das ist ein weiterer Schritt im Rahmen des Ikonoklasmus des Chan: der Zugang durch die Nicht-Übung und die Erkenntnis, dass der Spiegel blendend klar ist, wenn er die Essenz und nicht die Form widerspiegelt. Es gibt nichts Radikaleres.

Daoxin übermittelte seine Linie zwei Schülern. Der erste war Daman Hongren (Jap. Daiman Kônin, 602–675), der fünfte Patriarch, dem die Linie offiziell übertragen wurde und der sie an den letzten Patriarchen, den berühmten Dajian Huineng (jap. Daikan Enô, 638–713), weitergab. Die zweite Übertragung, die Niutou Farong (Jap. Gozu Hôyû, 594–657) erhielt, spielte sich auf ungewöhnliche Weise ab. Daoxin wusste, dass Niutou auf einem nahe gelegenen Berggipfel wohnte, und er wusste ebenfalls, dass Niutou noch nicht das große Erwachen erreicht hatte. Dennoch wurde Niutou in seiner Einsiedelei von den Vögeln mit Blumen und Früchten überhäuft, so reichlich, dass die Leute der Umgebung ihm den Beinamen «Faulenzer» gaben. Daoxin beschloss, ihm einen Besuch abzustatten. Es war damals üblich, dass die Meister sich gegenseitig herausforderten, um jene auszuscheiden, deren Darlegung nicht die Ausstrahlung der absoluten Essenz besaß:

Bei seiner Ankunft sah er Fa-yong [Farong] dasitzen, ruhig und voller Selbstbeherrschung, ohne von seinem Besucher Notiz zu nehmen. Der Patriarch fragte ihn:

«Was treibt Ihr hier?»

«Ich gebe mich der Betrachtung des Geistes hin.»

«Wer ist es, der da betrachtet, und was ist der Geist, der da betrachtet wird?»

Fa-yong antwortete nicht, erhob sich vielmehr augenblicklich und verbeugte sich tief. Dann fragte er seinen Besucher:

«Wo habt Ihr Euch vorher aufgehalten?»

«Ich bleibe niemals an irgendeinem Ort, sondern wandere entweder nach Osten oder nach Westen.»

«Kennt Ihr den Chan-Meister Daoxin?»

«Warum erwähnt Ihr ihn?»

«Ich habe ihn immer sehr bewundert und beabsichtige, ihn aufzusuchen, um ihm meine Ehrerbietung zu erweisen.»

«Daoxin ist der Name meiner Wenigkeit.»

«Warum seid Ihr hierhergekommen?»

«Um Euch zu suchen. Habt Ihr einen Platz, wo ich unterkommen kann?»

Fa-yong führte seinen Besucher zu einer Hütte auf der Rückseite des Felsens, in dessen Höhle er selber wohnte. Auf dem Weg dorthin erblickte der Patriarch zwei wilde Tiere, einen Wolf und einen Tiger, und er nahm seine Hände hoch, als habe er Angst. Fa-yong bemerkte:

«Das ist also immer noch in Euch.»

«Was habt Ihr gesehen?», fragte sein Besucher.

Gleich darauf malte der Patriarch das Schriftzeichen «fo» für «Buddha» auf den Stein, der Fa-yongs Sitzplatz war. Als der [sich niedersetzen wollte und] das sah, war er bestürzt [weil er befürchtete, ein Sakrileg zu begehen, wenn er sich darauf setzte]. Der Patriarch sagte zu ihm:

«Das ist also immer noch in Euch.»

Fa-yong verstand den tieferen Sinn dieser

Bemerkung nicht und bat den Patriarchen inständig, ihn in die letzten Geheimnisse der Lehre Buddhas einzuführen. Da legte der Patriarch ihm Folgendes dar:

«Sämtliche Lehren Buddhas haben zu ihrem gemeinsamen Kern und Mittelpunkt den Geist, dem unermessliche Schätze entspringen. All seine übernatürlichen Fähigkeiten, wie sie den Bodhisattvas eignen, sowie deren Umwandlungen, wie sie in der Einhaltung der Vorschriften, der Versenkung und der Weisheit zum Vorschein kommen, sind hinreichend in jedermanns eigenem Geist enthalten und verschwinden niemals daraus. Alle Hindernisse auf dem Weg zur Erleuchtung, die aus den Karma erzeugenden Leidenschaften erwachsen, sind ursprünglich nichtexistent. Ursache und Wirkung sind allemal nichts als ein Traum. Es gibt keine Dreifache Welt [der Begierde, der Form und der Formlosigkeit], die zu verlassen, noch gibt es eine Erleuchtung, die zu erstreben wäre. Die Wirklichkeit in uns und die äußere Erscheinung des Menschen und der Zehntausend Dinge sind ein und dasselbe. Das große Dao ist ohne Gestalt und grenzenlos. Es ist frei von Gedanken und Angst. Damit habt Ihr die Lehre des Buddha verstanden. Es gibt nichts, woran es Euch in Euch selbst mangeln könnte. Ihr selbst und Buddha seid nicht voneinander verschieden. Es gibt keinen anderen Weg, die

Buddhaschaft zu erlangen, als dass Ihr Eurem Geist die Freiheit lasst, er selbst zu sein. Ihr solltet Euch weder der Betrachtung [Meditation] hingeben noch versuchen, Euren Geist zu reinigen. Macht Euch frei von Verlangen und Hass und habt weder Furcht noch Angst. Seid grenzenlos und absolut frei von allen Bedingungen. Habt die Freiheit hinzugehen, wohin auch immer Ihr wollt. Handelt nicht, um Gutes zu tun, noch um Schlechtem nachzujagen. Ob Ihr geht oder steht, sitzt oder liegt, und was immer Ihr Euch widerfahren seht – alles ist das wunderbare Wirken des Großen Erleuchteten. Es ist alles Freude, frei von Angst – und es trägt den Namen Buddha.»

Fa-yong fragte: «Wenn nun der Geist in sich selbst alles besitzt, was er braucht, was ist dann Buddha, und was der Geist?»

Der vierte Patriarch antwortete: «Um diesen Geist zu verleugnen, muss man nicht nach Buddha streben, und um nach Buddha zu streben, muss man nicht diesen Geist verleugnen.»

Fa-yong fragte weiter: «Wenn Ihr denn Betrachtung nicht zulasst, was tut Ihr, wenn die üblichen Regungen des Geistes auftauchen?»

Der Patriarch erwiderte: «Der Ursprung der Regungen des Geistes ist weder gut noch schlecht. An Eurem Geist liegt es, dass sie überhaupt hervortreten. Wenn Euer Geist frei wäre von Begriffen und Vorstellungen, wie könnte es dann zu Täuschungen und falschen Erwartungen kommen? Wenn keine Täuschungen und falschen Erwartungen eintreten, wird der wirkliche Geist imstande sein, jedes Ding, was es auch sei, ungehindert zu erfassen. Ihr braucht Euch bloß dem Geist, so wie er ist, zu überlassen. Haltet nicht nach Möglichkeiten Ausschau, ihn in den Griff zu bekommen. Er ist es, der den Namen Dharmakâya trägt, das ewig unvergängliche Wesen der Dinge. Weicht nicht von ihm ab! Ich habe die Lehre von der Plötzlichen Erleuchtung von Sengcan, dem dritten Patriarchen, erhalten und gebe sie jetzt an Euch weiter. Behaltet das, was ich Euch gesagt habe, gut im Gedächtnis. Bleibt auf diesem Berge, und es wird in Zukunft fünf weise Männer geben, die Euch als Lehrer des Chan-Buddhismus nachfolgen werden.»[53]

Nach seiner Erleuchtung schrieb Niutou eines der schönsten Gedichte, die das Chan hervorgebracht hat, das Xinming, die «Herz-Geist-Einmeißelung»[54]:

Die Natur des Geistes ist ungeboren.
Was nützen da Wissen und Ansichten?
Ursprünglich gibt es kein einziges Ding –
Wie könnte man da von Verblendung und Läuterung sprechen?

Ein Kommen und Gehen, ganz ohne Ende,
So sehr du auch suchst, du wirst Es nicht finden;
Doch wenn du in völligem Nichttun verweilst,
Wird die lichte Stille von selbst offenbar.

Was du vor dir hast, ist nichts als leere Soheit,
Beharrst du auf Wissen, verfehlst du die Essenz;
Begreifst du klar diesen Zustand der Lichtheit,
Sind Dunkel und Unwissenheit sogleich durchleuchtet.

Ist der Eine Herz-Geist verdunkelt,
Wirst du die vielfältigen Erscheinungen missverstehen.
Die Dinge kommen und gehen ganz spontan,
Wozu sich verrenken in Ablehnung und Habenwollen?

Geburt (die Existenz) trägt das Siegel des Ungeborenen,
Geburt und Erleuchtung sind ein und dasselbe.
Willst du einen reinen Herz-Geist erlangen,
Musst du den Nicht-Geist walten lassen.

In allen Dimensionen[55] kein bisschen
Erleuchtung –
Dies ist die subtilste aller Einsichten.
Das Wissen von Dharmas ist Nicht-Wissen,
Nicht-Wissen weiß um das Wesentliche.

Wer seinen Geist bezwingt und die Stille
wahrt,
Wird auf diese Weise die Krankheit nicht los;
Erst wenn Leben und Tod ganz vergessen
sind,
Manifestiert sich das ursprüngliche Wesen.

Das höchste Prinzip lässt sich nicht erklären,
Es ist weder Freiheit noch Bindung;
Alles durchdringend und allem entsprechend,
Hast du Es stets vor deiner Nase.

Vor deinen Augen kein einziges Ding;
Kein einziges Ding, und doch ist alles wie
immer.
Bemühe dich nicht, den Spiegel der Weisheit
zu polieren,
Alle Form ist von selbst völlig leer und
unfassbar.

Ein Geist-Moment kommt, ein Geist-
Moment geht,[56]

Der folgende nicht anders als der vorhergehende;
Doch wird der vorhergehende Geist-Moment nicht erzeugt,
Ist der folgende Geistmoment von selbst abgeschnitten.

In den Drei Welten[57] *gibt es kein einziges Ding,*
Wo kein Geist ist, da ist auch kein Buddha.
Alle Lebewesen sind eben dieser Nicht-Geist
Und treten aus dem Nicht-Geist in Erscheinung.

Zwischen «weltlich» und «heilig» zu unterscheiden,
Erzeugt nur Verblendung über Verblendung;
Wer ständig hin und her überlegt
Und nach Wahrheit sucht, fällt von der Wirklichkeit ab.

Sind die Extreme (Sein und Nichtsein) fallen gelassen,
So ist alles von heller Klarheit.
Es braucht weder Bemühung noch Fertigkeiten,
Wenn man sich an die Unschuld des Säuglings hält.[58]

Gedanke auf Gedanke, so kommt man zu Wissen,
Wer das Netzwerk untersucht, dreht sich unaufhörlich im Kreis.
Still sein, Still sein, gar nichts untersuchen –
Das ist ein dunkler Raum ohne jegliche Bewegung.

Gedanke auf Gedanke, daran ist nichts Falsches –
Still sein, Still sein, das ist die hellste Klarheit.
Die Myriaden Erscheinungen sind alle ganz wirklich,
Die Vielfalt ist von dem Einen Geschmack.

Im Gehen und Kommen, im Sitzen und Stehen,
Hör einfach auf, etwas festzuhalten.
Wo keine Richtung zu bestimmen ist,
Wie könnte es da Kommen und Gehen geben?

Kein Sammeln ist nötig und kein Zerstreuen,
Es gibt weder langsam noch schnell.[59]
Die leuchtende Stille ist Von-selbst-So,[60]
Das ist nicht zu erklären, da gibt es nichts zu erreichen.

Im Geist gibt es nichts, das vom Geist verschieden wäre,

Darum ist es nicht nötig, Begierden abzutöten;
Ihre Natur ist leer, also verschwinden sie von selbst,
Wenn du ihr Auf und Ab einfach geschehen lässt.

Weder rein noch verblendet,
Weder seicht noch profund –
Der Ursprung liegt nicht in der Vergangenheit,
Phänomene zu sehen ist nicht die Gegenwart.

Was wir sehen, das hat keine Dauer,
Was wir sehen, das ist im Grunde Geist.
Eigentlich gibt es keinen «Ursprung»,
Der Ursprung, das ist eben Jetzt.

Erleuchtung (Bodhi) ist immer schon vorhanden,
Es ist nicht nötig, sie zu kultivieren;
Verblendung hat noch nie existiert,
Es ist nicht nötig, sie auszuräumen.

Die natürliche Weisheit ist aus sich erleuchtet,
Die Myriaden Phänomene kehren zurück in Soheit.

Es gibt kein Zurückkehren und auch kein Empfangen,
Drum lass das Meditieren und das Halten von Geboten.

Die Vier Tugenden[61] *sind ungeboren,*
Die Drei Buddha-Körper[62] *existieren schon immer.*
Die Sechs Sinne entsprechen den Sinnesbereichen,
Unterscheiden und Urteilen sind kein reines Erkennen.

Im Einen Geist gibt es keine Verblendung,
Die Myriaden Bedingungen sind miteinander im Einklang.
Geist und unsere Natur sind im Grunde identisch,
Sie sind gemeinsam gegeben, doch bedingen sie einander nicht.

Das Ungeborene geht einher mit den Dingen,
Sie wohnen gemeinsam im tiefsten Geheimnis.
Erleuchtung entsteht aus Nicht-Erleuchtung,
Darum sind Erleuchtung und Nicht-Erleuchtung eins.

Gewinn und Verlust – zwei Seiten ein und desselben,

Was soll da das Reden von Gut und von Schlecht!
Alles Gemachte
Ist im Grunde nicht-hergestellt.

Der wissende Geist ist Nicht-Geist,
Es gibt weder Krankheit noch Medizin.
Nur wer verblendet ist, will Dinge abtun,
Sobald du erleuchtet bist, ist dir nichts fremd.

Im Grunde gibt es nichts, das man ergreifen könnte,
Was sollte man jetzt also wegwerfen können?
Von Existenz zu sprechen, lässt Dämonen entstehen,
Denn mit den Worten tauchen leere Bilder auf.

Du musst die gewöhnlichen Gefühle nicht auslöschen,
Die einzige Religion, die du brauchst, ist das Nichtdenken.
Das Denken wird durch den Nicht-Geist ausgelöscht,
Der Geist wird durch das Nicht-Handeln abgeschnitten.

Versuche nicht, die Leere zu beweisen,

Das Licht durchdringt alles ganz von selbst (ziran).
Sind Leben und Tod gleichermaßen ausgelöscht,
Dringt der tiefgründige Geist in das letzte Prinzip ein.

Wenn du die Augen öffnest und Erscheinungen siehst,
Dann folgt der Geist, und die Sinneswelt (vishaya) entsteht.
Wo der Geist (in Stille) verweilt, gibt es keine Sinneswelt,
Wo die Sinneswelt innehält, da gibt es auch keinen Geist.

Gebrauchst du den Geist, um die Sinneswelt auszulöschen,
Dann verstößt du gegen beide in ihrer Gegenseitigkeit.
Der Geist ist Nirvâna, die Sinneswelt ist Soheit,
Da gibt es nichts festzuhalten und nichts loszulassen.

Die Sinneswelt folgt dem Geist und vergeht,
Der Geist verschwindet zusammen mit der Sinneswelt.

Wenn beide (in Stille) verweilen, ohne aufzutauchen,
Ist nichts als stille Klarheit und strahlende Leere,
Und Bodhi (Erleuchtung) erscheint als Reflexion
Auf den ewig klaren Wassern des Geistes.

Die Natur des Erleuchteten ist die eines Narren,
Der nicht zwischen diesem und jenem unterscheidet,
Der sich von Gunst und Ungnade nicht bewegen lässt
Und keinen festen Platz als Wohnort wählt.

Sämtliche Erwägungen sind plötzlich zum Stillstand gekommen,
Mit einem Schlag gibt es keine Sorgen mehr:
Für immer ist der Tag wie die Nacht,
Für immer ist die Nacht wie der Tag.

Von außen sieht er aus wie ein totaler Trottel,
Innerlich ist sein Geist leer und wahr.
Von widrigen Umständen nicht zu bewegen,
Besitzt er die Kraft eines Großen Wesens[63].

Kein Sehender ist da und auch kein Sehen,

In diesem Nichtsehen ist alles ewig offenbar.
So ist alles völlig durchdrungen
Und nichts ist mehr verborgen.

Denken führt nur zu zunehmender Verwirrung,
Man versinkt in Verblendung und verstörenden Gefühlen;
Beherrscht man den Geist, um seine Unruhe zu stoppen,
Wird die Verwirrung umso größer, je stärker man eingreift.[64]

Die Myriaden Erscheinungen sind ohne Grund,
Es gibt nur das eine Tor (zur Wahrheit):
Durch dieses Tor tritt man nicht ein und geht nicht aus,
Da ist weder Stille noch Tumult.

Selbst Shrâvakas und die Pratyeka-Buddhas
Haben mit dem, was sie wissen, hierzu nichts zu sagen.
In Wirklichkeit gibt es kein einziges Ding,
Die wundervolle Weisheit allein bleibt zurück.

Im Grunde gibt es nur die überquellende Leere,

Das ist etwas, das der Geist nicht ergründen kann.
Wahre Erleuchtung ist nicht erleuchtet,
Wirkliche Leere ist nicht leer.

Die Buddhas von Vergangenheit, Gegenwart und Zukunft
Sind alle Ausdruck dieses Grundprinzips.
Im winzigsten Partikel dieses Prinzips
Gibt es Welten so zahlreich wie Sand am Meer.[65]

Hört man auf, sich mit allem Möglichen zu beschäftigen,
Ist der Geist in Frieden und verweilt nirgendwo.
Im Nicht-Verweilen bei friedvollem Geist
Manifestiert sich die strahlende Leere von selbst.

In der stillen Klarheit des Ungeborenen
Wandert man frei durch die Unendlichkeit.
Was immer geschieht, es gibt keine Hindernisse,
Gehen und Kommen sind vollkommen gleich.

Die Sonne der Prajñâ ist still, so still,
Das Licht des Samâdhi ist hell, so hell.

Sie erleuchten den Garten der Eigenschaftslosigkeit
Und erhellen die Stadt des Nirvâna.

Denkt man unter allen Bedingungen nicht an ein Ergebnis,
Resultiert daraus ein Geist, der dem Samâdhi entspricht.
Du solltest keinen Dharma-Sitz aufstellen (um zu lehren),[66]
Sondern ein Nickerchen machen in leerem Raum.

Erfreust du dich voller Gelassenheit des Dao,
Wanderst du in Muße in der wahren Wirklichkeit.
Du hast nichts zu tun, es gibt nichts zu erreichen –
Dich auf nichts stützend, manifestierst du dich von selbst.

Die Vier Tugenden und die Sechs Pâramitâs[67]
Sind in dem Einen Fahrzeug alle eins.
Wenn sich also kein Geist erhebt,
Sind sämtliche Dharmas[68] *völlig ununterschieden.*

Wer die Existenz als das Ungeborene erkennt,

Der wohnt eben jetzt in der Ewigkeit.
Nur der Weise weiß um dies,
Mit Worten ist diese Erleuchtung nicht zu beschreiben.

Niutou hat zum Chan wesentliche und neue Elemente beigetragen, indem er folgende Ideen anführt: das lichte Dunkel; die Frustration, die durch die Suche nach dem Absoluten hervorgerufen wird, welches nur durch die völlige Selbstaufgabe zu finden ist; das unbekümmerte Wandern als Ethik; das Nichtvorhandensein einer Form im Samâdhi; die Freiheit des Herz-Geistes; die Vergeblichkeit aller Bemühungen um Disziplinierung des Denkens, welches nur umso widerspenstiger wird, je mehr man dagegen ankämpft; die Tatsache, dass das Denken zu einem Mangel an Klarheit führt; die Nutzlosigkeit der Unterdrückung der Gefühle; die Wichtigkeit der Absichtslosigkeit; das Vorhandensein der Erleuchtung im Aufgeben der Suche nach Erleuchtung.

Die leuchtenden und durchdringenden Einsichten Niutous sollten einen tiefgehenden Einfluss auf die Poetik und das Denken des Chan haben.

Wenn das Herz Stille hält, führt das zu Gleichmut.
Darum gefällt dem stillen Herzen das Leben in den Bergen.
In den Bergen gibt es wahrlich keinen Mangel an Stille,
Doch hüte dich vor den Bergen, solange dein Herz noch nicht still ist![69]

Shuzong Wuyun (1309–1386)

Außerhalb des Herz-Geistes gibt es keinen Buddha

Dajian Huineng (Jap. Daikan Enô, 638–713), der sechste chinesische Patriarch, hat die Extreme vereint und den Weg der Befreiung aufgezeigt, die «große» Übung:

Verehrte Zuhörer, das eigene Wesen enthält alle Zehntausend Dinge[70]. Dies ist «groß». Die Zehntausend Dinge sind alle in eurem eigenen Wesen. Wenn man das Gute und Schlechte aller Menschen sieht und es weder ergreift noch verwirft und nicht daran festhält, dann ist der Geist wie die große weite Leere. Dies wird «groß» genannt, also Mahâ.

Verehrte Zuhörer, verblendete Menschen rezitieren mit dem Mund, wissende Menschen verwirklichen mit dem Geist. Es gibt verblendete Menschen, die sitzen still, machen ihren Geist leer, vernichten alle Gedanken und nennen sich dann selbst groß. Mit diesen Menschen kann man nicht reden, weil sie irregeleitete Ansichten besitzen ...

Das Ausmaß des Geistes ist eine wichtige Sache. Geratet nicht auf kleine (behelfsmäßige)

Wege! Wer mit dem Mund den ganzen Tag über Leere redet und es im Geist nicht verwirklicht, ist wie ein gewöhnlicher Mensch, der von sich behauptet, ein König zu sein, und letztlich keinen Nutzen davon hat. So jemand ist kein Schüler von mir.[71]

Mazu Daoyi (Jap. Baso Dôitsu, 709–788) sollte dann zugleich den Herz-Geist als Zentrum von allem und die Realität der Welt betonen, womit er die Verfechter einer bloß illusionären Welt übertrumpfte:

Außerhalb des Herz-Geistes gibt es keinen Buddha, außerhalb des Buddha gibt es keinen Herz-Geist. Alle Formen, die man sieht, sind Projektionen des Herz-Geistes. Der Herz-Geist existiert nicht an sich, er existiert vermittels der Formen. Wenn ihr also vom Herz-Geist sprecht, solltet ihr wissen, dass die Erscheinungen und das Absolute einander ohne jede Behinderung entsprechen. Genauso ist es mit der Frucht des Erwachens.[72]

Das Chan des Meisters Mazu basiert allein auf der nichtdualen Essenz. Es ist areligiös, frei und spontan wie das aller Chan-Meister der Tang-Zeit. Von sämtlichen Formalitäten, Regeln und jeglicher Disziplin sagten diese immer nur, sie hätten nichts mit der Essenz des Chan zu tun. Erst später, als das Chan sich in riesigen Gemeinschaften von Übenden organisierte, tauchten religiöse Formen und eine martialische Disziplin auf, und es setzte eine Verwechslung der Formen mit der Essenz ein, was allmählich den authentischen Geist des Chan abtöten sollte.

Mazu sollte 139 erleuchtete Schüler haben, was außergewöhnlich war, und ein jeder von ihnen sollte ein Dharma-Zentrum gründen, in dem er die Lehre des «Verrückten Pferdes», wie man Mazu in ganz China auch nannte, verbreitete. Posthum verlieh man ihm den Titel «Große Eminenz».[73] Als seine herausragendsten Schüler gelten Nanquan Puyuan (Jap. Nansen Fugan, 748–835) und Baizhang Huaihai (Jap. Hyakujô Ekai, 720–814), der die Linie auf den großen Ikonoklasten Huangbo Xiyun (Jap. Ôbaku Kiun, ?–850) übertrug, welcher sie wiederum unter Stockschlägen an Linji Yixuan (Jap. Rinzai Gigen, ?–867), den radikalsten aller Chan-Meister, weitergab. Linji sollte so weit gehen, sich sogar über die Übung der sitzenden Versenkung und den Buddha selbst lustig zu machen:

Übende, macht Buddha nicht zum Letztlichen. So wie ich es sehe, ist er nur ein Latrinengraben. Bodhisattvas und Arhats sind Halseisen und Ketten – etwas, das die Menschen fesselt. …

Übende, es gibt keinen Buddha, den man erlangen könnte. Die Drei Fahrzeuge, die Fünf Wesen[74] und die Lehre der vollkommenen und plötzlichen Erleuchtung sind alles nur temporäre Arzneien für die jeweilige Krankheit. Sie sind alle keine wirklichen Dharmas. …

Übende, es gibt Glatzköpfe, die ihre Anstrengungen nach innen richten und einen Dharma suchen, der die Welt überschreitet. Das ist ein Fehler! Wenn jemand nach Buddha sucht, dann verliert er Buddha. Wenn jemand nach dem Weg sucht, so verliert er den Weg. Wenn jemand nach den Patriarchen sucht, dann verliert er die Patriarchen.[75]

Mit seiner Heftigkeit wollte Linji den Wahren Menschen ohne jegliche Künstlichkeit preisen und gnadenlos alle Projektionen und alle Träume seiner Schüler wegfegen, um sie völlig zu entblößen.

Zhaozhou Congshen (Jap. Jôshu Jûshin, 778–897), ein Zeitgenosse von Linji, begann erst im Alter von achtzig Jahren zu lehren, und zwar im Kloster Bailin. Er sollte zum emblematischen Meister der Tang-Zeit (618–907) werden, einer Zeit, die reich war an Genies.

Zhaozhou erfuhr die plötzliche Erleuchtung als Schüler von Meister Nanquan, eines Dharma-Erben von Mazu.

Zhaozhou fragte Nanquan: «Was ist der Weg?»

Nanquan sagte: «Das gewöhnliche Bewusstsein ist der Weg.»

Zhaozhou sagte: «Soll ich mich zu ihm hinwenden oder nicht?»

Nanquan sagte: «Wenn du dich zu ihm hinwendest, wird er sich von dir abwenden.»

Zhaozhou sagte: «Wenn ich ihn nicht suche, wie kann ich dann um den Weg wissen?»

Nanquan sagte: «Der Weg hat nichts mit Wissen oder Nichtwissen zu tun. Wissen ist Verblendung, Nichtwissen ist ein Mangel an Unterscheidung. Wenn du wirklich den wahren Weg erreicht hast, (wird dir klar sein), er ist wie die Große Leere, weit und offen. Wie könnte es da recht oder unrecht geben?»

Bei diesen Worten erfuhr Zhaozhou Erleuchtung.[76]

Und später fragte ein Mönch Zhaozhou:

«Seit uralten Zeiten heißt es, der Geist sei Buddha. Seid so freundlich, Meister, und sagt mir ein Wort zum ‹Nicht-Geist›.»

Zhaozhou sagte: «Wenn wir den Geist beiseitelassen, was gibt es da zu sagen?»

Ein anderer Mönch fragte:

«Was ist das Prinzip?» Zhaozhou sagte: «Ich stütze mich auf kein Prinzip.»

«Das ist tiefgründig – aber was ist das Prinzip?»

«Es ist das Prinzip, das dir gerade antwortet.»

Wieder ein anderer Mönch fragte:

«Was geschieht, wenn ich Buddha suche?»

Zhaozhou sagte: «Welch unglaubliche Verschwendung von Energie!»

«Und wenn ich keine Energie verschwende?»

«Dann bist du Buddha.»

Ein weiterer Mönch fragte:

«Worin besteht die Übung eines Mitglieds des Sangha?»

«Im Aufgeben des Übens.»

Zhaozhou schrieb auch einige Gedichte; hier zwei Beispiele:

Wer auf dem großen Weg tanzt und dahingleitet,
Steht vor der Pforte zum Nirvâna.
Einfach dasitzend mit grenzenlosem Geist,
Ist der Frühling, der kommt, der ewige Frühling.

Die Sonne sinkt zur neunten Stunde des Tages,
Entlegenes Ödland, was gibt es hier zu schützen?
Absichtslos dahinzufließen macht die Erhabenheit des Mönchs,
Von Kloster zu Kloster ziehend, besitzt er die Ewigkeit.
Worte die aus dem Bereich vor jeder Form kommen,
Werden nicht mit der Zunge gesprochen.[77]

Zhaozhou ist in der Welt des Chan dafür bekannt, dass er das Gongan (Jap. Kôan) «Wu» (Jap., Mu) ausgesprochen hat. Auf die Frage, ob auch ein Hund die Buddha-Natur besäße, antwortete er: «Wu!»[78] Verneinung der Gegensätze, magisches Wort, das ich lange Zeit kontemplierte, während ich nachts im Bailin-Kloster den Stûpa von Zhaozhou umschritt. Ein Portrait des Meisters als Hund an sich, der bellt und so dem unterscheidenden Geist eine Schranke setzt.

Die späten Jahre sind ganz der Stille gewidmet,
Der Welt Geschäfte kümmern das Herz nicht mehr.
Zurückgewandt aufs Selbst, ganz ohne große Pläne,
Des Wissens leer, kehre ich wieder in die Heimat.
Wind aus den Föhren lässt die gelöste Schärpe flattern,
Der Mond überm Berg leuchtet zu meinem Zitherspiel.
Du fragst mich, wie ich stehe zu Misslingen und Erfolg?
Des Fischers Lied klingt weit das Flussufer herauf ...[79]

Wang Wei (etwa 699–761)

Das Gewöhnliche umfangen und das Heilige nähren

Yuanwu Keqin (Jap. Engo Kokugon, 1063–1135) sollte eine subtile Klarheit in das Chan einbringen; er bot seinen Schülern in seinen Briefen auf zugleich poetische und direkte Weise einen analytischen Zugang zum Weg:

Hier in meinem Kloster gibt es kein Chan, das erklärt, und keinen Pfad, der übertragen würde. Auch wenn hier 500 Flickenkuttenmönche versammelt sind, benutze ich doch bloß die demantene Falle und das Dornengestrüpp.[80] ...

Im Wesentlichen kannst du nicht herausfinden, wo dies eine herkommt: Man nennt es die Grundtatsache, die jedermann innewohnt. Sobald du absichtsvoll versuchst, es anzunehmen oder aufzugreifen, ist dies schon nicht mehr die Grundtatsache. Lass einfach nur die unzähligen Antriebe aufhören, so dass du nicht einmal mehr in Begleitung der tausend Erleuchteten bist – wie könnte es dann noch irgendeine Abhängigkeit geben?

Du solltest augenblicklich alles abwerfen und zu der Freiheit auf jener Seite durchdringen.

Darum heißt es: «Selbst die kleinste Angelegenheit ist Staub (Verblendung) – sobald du beginnst nachzudenken, wirst du von den Dämonen der Verblendung heimgesucht.»

Alle Dinge herauszubilden, hängt von Dem ab; alle Dinge zu zerstören, hängt ebenfalls von Dem ab.

Was sollte herausgebildet und vervollkommnet werden? Die ursächlichen Bedingungen außerordentlicher Vortrefflichkeit, das Schatzhaus von Tugenden und Verdiensten so zahllos wie die Sandkörner, die unzähligen wunderbaren, schmückenden Eigenschaften sowie die weltüberschreitenden Qualitäten.

Was sollte zerstört und vernichtet werden? Gier, Zorn und Neid, die Emotionalität und Verhaftungen, absichtsvolles Tun und verblendetes Handeln, Verderbtheit und Verwirrung, Namen und Formen und die Wege diskursiven Denkens, willkürliche Ansichten, Wissen und irreführende Gefühle.

Das vermag alle Dinge zu verwandeln, aber kein Ding kann Das verwandeln. Auch wenn es keine Gestalt und kein Gesicht hat, umfängt es doch den ganzen weiten Raum. Es umfängt das Gewöhnliche und nährt das Heilige. Willst du es mithilfe von Formen erfassen, stürzt du durch dieses Greifen in das Dornengestrüpp von Ansichten und wirst es niemals finden.

Was die Buddhas offenbarten und worauf die alten Meister direkt hinwiesen, war eben dieser wunderbare Herz-Geist. Wenn du ihn unmittelbar verwirklichst, ohne auch nur einen einzigen Gedanken entstehen zu lassen, und du es von oben bis unten durchdringst, erscheint alles ganz von selbst. Wenn sich jetzt alles ganz von selbst manifestiert, braucht es dazu keine bewusste Anstrengung: du lässt dich losgelöst mit der natürlichen Strömung treiben, ohne etwas zu ergreifen oder zurückzuweisen. Das ist das wahre Siegel des Geheimnisses.[81]

Und dann war da noch der große Xu Yun (1839–1959), die «Leere Wolke», ein Erbe des Chan von Zhaozhou, der den Suchenden auf einfühlsame Weise freisetzt:

In welchem Gewand auch immer,
Die Erscheinung ist nur das Äußere von etwas.
Mit welcher Absicht auch immer,
Der Wunsch, nach einer Methode des Dharma vorzugehen, ist nur eine mentale Machenschaft.
Nur wer sich vom Inneren ebenso wie vom Äußeren befreit,
Entgeht Geburt und Tod und verwirklicht die Ewigkeit.

Über zehntausend Stufen bist du aufgestiegen
auf der Suche nach dem Dharma.
So viele Tage hast du mit endlosem Kopieren
und Kopieren in der Bibliothek verbracht.
Die Gewichtigkeit der Tang und die Tiefgründigkeit der Song sind ein schweres Gepäck.[82]
Hier! Ich habe dir einen Strauß Blumen gepflückt: Ihr Sinn ist derselbe, doch sie sind leichter zu tragen.

Und Jing Hui, Xu Yuns direkter Dharma-Erbe, zitiert das folgende Gedicht:

Wenn es das Instrument ist, welches spielt,
Warum spielt es dann nicht in seinem Kasten?
Wenn die Musik aus den Fingern des Musikers kommt,
Warum horchst du dann nicht an den Fingern?

Zehn Tage
Im Kloster
Machten mich ruhelos.
Der rote Faden [der Leidenschaft]
An meinen Füßen
Ist lang und unversehrt.
Wenn du eines Tages kommst,
Mich zu suchen,
Frage nach mir
Beim Fischhändler,
In der Schenke
Oder im Freudenhaus.[83]

Ikkyû Sôjun

Weder die Gefühle noch die Sinne, noch die Leidenschaften abschneiden

Frage: Was sind, abgesehen von der Meditation und dem meditativen Gehen, die Praktiken des Chan?

Antwort: Die Rückkehr zu der geräumigen Essenz des Geistes vollzieht sich durch das Aufgeben einer Reihe von spirituellen Strategien: den ganzen Tag lang von früh bis spät an nichts festhalten; sich nicht auf das Studium von Texten verlassen; davon ablassen, den natürlichen Fluss der Körperlichkeit und des Herz-Geistes durch ein Denken einzudämmen, das nicht aufhört, die Realität wiederzukäuen; sich von Moment zu Moment seines konditionierten Denkens bewusst zu bleiben, bis es sich beruhigt; damit aufhören, den Geist und den Körper einzupferchen; auf authentische Weise mit den Dingen und den Lebewesen dahinfließen; durch das Gegenwärtigsein im Augenblick zu einem reichen und prickelnden Leben zurückfinden; der eigenen Gefühle und Sinneswahrnehmungen gewahr sein; sich von nichts abwenden; die natürlichen Funktionen des Daseins in keiner Hinsicht beschneiden; nicht versuchen, die Gefühle zu unterdrücken; sich aller Störungen und Wirrungen, die den Fluss des Daseins blockieren, bewusst sein.

Finden wir das authentische Dasein wieder, das nicht vom Denken anderer und auch nicht vom Buddha konditioniert ist, dann finden wir zu dem zurück, was echt und wahr ist. In diesem Dasein ohne Einschränkungen und Grenzen machen wir unausweichlich die Erfahrung des Raumes in einer damit einhergehenden Stille. Das ist eine unbeschwerte und unablässige Arbeit, eine Arbeit voller Anmut und Kraft, die uns erkennen lässt, dass niemand die Erleuchtung für uns schmecken kann. Und vor allem geht es darum zu akzeptieren, dass wir alle fähig sind, das Erwachen zu verwirklichen. Das zu akzeptieren, mag uns vielleicht besonders schwerfallen.

FRAGE: Im Buddhismus ist oft davon die Rede, dass wir die Leidenschaften, die Sinne, die Gedanken auslöschen müssen. Sie scheinen einen anderen Weg zu weisen. Ist das wirklich noch Buddhismus?

ANTWORT: Das ist die authentischste Form des Buddhismus, der Buddhismus der Patriarchen des Chan. Der Buddhismus hat niemals von euch verlangt, irgendetwas abzuschneiden. Unterdrücken Sie etwa die Dunkelheit des Himmels, um die Sterne besser sehen zu können?

Der Geist ist grenzenloser Raum, und in diesem grenzenlosen Raum wird die Spaltung von Subjekt und Objekt aufgehoben. Darüber hinaus gibt es im Chan nichts Geheimnisvolles. Die Welten schweben im lebendigen Raum. Da ist nichts, was eingeschränkt oder aufgegeben werden müsste, denn alles, was Sie zu unterdrücken versuchen, machen Sie damit nur noch stärker. Sie sind ein freies Partikel, das im Kosmos tanzt, ohne Identität, ohne Getrenntheit, ohne persönliche Geschichte, in ständigem Austausch mit allen anderen Partikeln.

Die Idee, wir müssten uns vom Körper, von der Sinnlichkeit und den Leidenschaften loslösen, beruht auf unserer Furcht vor dem Leben und unserer Unfähigkeit, mit dem Fluss der Welt mitzufließen. Der Buddhismus ist keine Flucht aus der Welt, er ist vielmehr das Leben selbst in all seiner Vielfalt und seiner Pracht. Die Übung kulminiert in der Freude. Wo keine Freude ist, da gibt es auch keine Übung. Wo keine Freude ist, sind wir gelähmt, sind wir Konformisten, die von den Lehren vergiftet wurden. Huangbo sagt uns, dass die Leidenschaften das Erwachen sind. Er spricht von den «Hörern»[84], die die Verkündigung der Vier Edlen Wahrheiten gehört haben und die sich deshalb von der Welt der Leidenschaften und des Leidens abwenden, denen es aber nicht gelingt, «sich in der Erleuchtung zu verstecken, da sie das Erwachen nicht finden, weil sie die Leidenschaften ausgeräumt haben».

Die Lehren von Meister Huangbo sind uns in einem großartigen Text erhalten, den zu meditieren ich Ihnen raten möchte.[85] Er wischt alle Interpretationen eines weichlichen, puritanischen und frommen Buddhismus beiseite. Die Chan-Meister sind Drachen und Löwen. Sie errichten keine Schutzwälle gegen das Leben, sondern tauchen ganz und gar in das Leben ein. Mein erster Meister, Kalu Rinpoche, pflegte zu sagen, dass dort, wo die Leidenschaften am größten sind, die Erleuchtung am tiefsten ist. Der Buddhismus ist allzu lange von Puritanern geprägt worden – man hat ihn seiner lodernden Qualität beraubt. Man hat eine Art puritanisches Christentum daraus gemacht, eine langweilige, zögerliche, äußerlichen Formen huldigende und moralisierende Lehre. Doch wie sagte schon Meister Foyan Qinyuan (Jap. Butsugen Seion, 1067–1120): «Ich lasse nicht zu, dass man das unterdrückt, was frei ist.»[86]

Frage: Was ist die Rolle des Bodhisattva?

Antwort: Der Bodhisattva sieht keinen Unterschied zwischen sich selbst und anderen. Da er die jedem Lebewesen angeborene Natur sieht, stellt er sich nicht vor, die Lebewesen könnten errettet werden. Darum gibt es auch nichts, was er erlangen müsste.

FRAGE: Sie haben eine Art und Weise, die Lehren darzulegen, die allem widerspricht, was wir üblicherweise zu hören bekommen. Findet man in den Sûtras Spuren dieser Sichtweise, oder ist das eine Eigenheit des Chan?
ANTWORT: Die Chan-Meister zitieren nur selten die Sûtras, sie berufen sich eher auf andere Chan-Meister. Ihre gelegentlichen Anspielungen lassen jedoch erkennen, dass sie diese Texte sehr gut kennen. Die ganze Herangehensweise des Chan findet sich bereits in den Sûtras; dieser Ansatz wird im Chan nur mit einer typisch chinesischen Schlichtheit und Lebendigkeit zum Ausdruck gebracht. Hier werden die Dinge ganz direkt, ohne Schnörkel und ohne Phrasendrescherei ausgesprochen. Das ist in der Tat ätzend, wuchtig und gewagt – gegründet auf der Lehre des Buddha und seiner Nachfolger. Das Chan hat seinen eigenen Stil, und wenn Sie diesen Stil in einem Sûtra wiederfinden wollen, dann vertiefen Sie sich in das Vimalakîrti-Nirdesha-Sûtra, ein ikonoklastisches Wunderwerk!

[Die absolute Lehre] ist frei (von der Illusion der Existenz) von Lebewesen.
Sie ist frei von einem Selbst, denn sie ist jenseits eines Ich.
Sie ist frei von Leben, denn sie ist jenseits von Leben und Tod.

Sie ist frei vom Konzept eines Menschen, denn dieser besitzt keine Kontinuität (obwohl er etwas Kontinuierliches zu sein scheint wie eine im Kreis geschwungene Fackel).[87]
Sie ist immer unbewegt, denn sie ist jenseits der (bewegten) Phänomene.
Sie ist jenseits von Form, denn sie ist ohne Ursachen.
Sie ist unaussprechlich, denn sie ist jenseits von Worten und Rede.
Sie ist unerklärbar, denn sie ist jenseits jeglichen Verstehens.
Sie ist formlos wie leerer Raum.
Sie ist frei von begrifflicher Ausarbeitung, denn sie ist letztlich ohne Substanz.
Sie ist ichlos, denn sie ist jenseits (der Dualität) von Subjekt und Objekt.
Sie ist frei von Unterscheidungen, denn sie ist jenseits des Bewusstseins.
Sie ist ohne Vergleiche, denn sie ist jenseits aller Relativität.
Sie ist jenseits von Ursachen, denn sie ist ohne alle Bedingungen.
Sie ist identisch mit der Dharmatâ [der letzten Wirklichkeit], der Natur aller Dinge.
Sie ist in Übereinstimmung mit dem Absoluten, denn sie ist unabhängig.
Sie ist beheimatet im Bereich der absoluten

Wirklichkeit, denn sie überschreitet jegliche Dualität.

Sie ist unbewegt, denn sie stützt sich nicht auf die sechs Sinnesobjekte.

Sie kommt weder von irgendwoher noch geht sie irgendwohin, denn sie hat keinerlei Wohnstätte.

Sie ist in Einklang mit Leere, Formlosigkeit und Nichthandeln.[88]

Sie ist jenseits von Schönheit und Hässlichkeit.

Sie nimmt weder zu, noch nimmt sie ab.

Sie ist jenseits von Entstehen und Vergehen.

Sie kehrt nirgendwohin zurück.

Sie ist jenseits der sechs Sinnesorgane von Auge, Ohr, Nase, Zunge, Körper und Geist.

Sie ist weder oben noch unten.

Sie ist ewig und unveränderlich.

Sie ist jenseits von Kontemplation und Meditation.[89]

Ansehen und Reichtum
Der Zen-Welt sind groß,
Rasend ist ihr Niedergang.
Nur falsche Priester gibt es,
Keine Wahren Meister.
Man sollte
Eine Bootsstange nehmen
Und Fischer werden.
Auf Seen und Flüssen
Bläst heutzutage
Ein frischer Gegenwind.[90]

Ikkyû Sôjun

Unbekümmertes Wandern

Mein Meister Jing Hui betont seit einigen Jahren das sheng huo chan, das Chan im Alltag, eine Bewegung, die sich auf die Einsicht gründet, dass das Chan ein integraler Bestandteil des täglichen Lebens sein sollte. Es ist eine Bewegung für Laien, die nicht in einem Kloster leben wollen.

Bereits Huineng, der sechste Patriarch, sagte: «Das Chan ist in der Welt.» Möge die Übung also den klösterlichen Rahmen durchbrechen und die Gesellschaft in Gänze berühren. Die nicht diskriminierende und ikonoklastische Haltung des Zen hat die Kommunikation zwischen der Welt der Religionsprofis und der der Laien sehr erleichtert. Wenn man die so überaus lebendigen und kreativen Zeugnisse der Chan-Meister liest, so mag man kaum glauben, dass die meisten von ihnen Mönche waren. Es gab viele Einsiedler unter ihnen, viele Einzelgänger und viele Frauen.

Meister Jing Hui sagt: «Chan im Alltag, das bedeutet, eine vollkommene Harmonie zwischen dem Geist und der Weisheit des Chan und dem täglichen Leben herzustellen, um die Transzendenz des Chan, die Essenz des Chan, die künstlerische Sensibilität des Chan und die Eleganz des Chan im täglichen Leben zu etablieren. Wir bewahren das Chan im Alltag, um den lebendigen und dynamischen Geist des Chan in unserem Leben zur Geltung zu bringen. Das Chan im Alltag kann uns helfen, der Verblendung zu entkommen und die psychischen Probleme, die im Alltagsleben so allgegenwärtig sind, zu überwinden. Auf diese Weise wird unser spirituelles Leben friedlicher, unser materielles Leben harmonischer, unser inneres Leben befriedigender, unser Gefühlsleben klarer, unsere menschlichen Beziehungen werden reicher, unser soziales Leben wird inniger, und wir vermögen ein sinnvolles Leben in Weisheit zu leben. So stehen die vielfarbigen Facetten des Lebens in Einklang mit dem enormen Reichtum und der Tiefgründigkeit des Chan. Das Leben und das Chan oder das Chan und das Leben sind dann untrennbar.»

Die Übung des Chan basiert auf der Unabhängigkeit und Freiheit, die von den frühen Meistern der Tang-Zeit so sehr geschätzt wurde – zu einer Zeit, in der es noch kein organisiertes Klosterleben gab. Auch wenn der Buddhismus schon seit dem ersten Jahrhundert unserer Zeitrechnung nach China gebracht wurde, wo er sich rasch verbreitete und eine beträchtliche Zahl von Daoisten verführte, die bereits ein Einsiedlerleben pflegten, haben sich die kleinen Gruppen freier Menschen nur ganz allmählich zu klösterlichen Gemeinschaften organisiert. Das gewohnte Wanderleben, das die Originalität dieser Meister ausmachte, ließ sich nicht so leicht an ein disziplinierteres Leben anpassen.

Man könnte auch sagen, dass diese ersten Gemeinschaften freier Menschen in einer Harmonie lebten, die alle Gruppendisziplin überflüssig machte. Diese Unabhängigkeit, diese Eigenschaft, die alle großen Meister veranlasst hat, die blinde Befolgung von Regeln anzuprangern, hat dem Chan eine unvergleichliche Lebendigkeit verliehen. Diese Meister wanderten umher, stellten andere Meister bloß und machten sich über sie lustig, sie spielten ihnen Streiche und provozierten sie – und sie scheuten sich nicht zu sagen, dass unter fünfzig Meistern, die sie getroffen hatten, nur zwei oder drei die Mühe, sie aufzusuchen, gelohnt hätten. Sie hatten nichts am Hut mit politischer Korrektheit.

Nan Huai-chin, ein großer zeitgenössischer Meister und Laie, ging sogar so weit zu sagen, die Religion habe den Geist des Chan abgetötet. Die stets provokanten Aktionen der Meister haben jeder Generation der Gemeinschaft, die aus Mönchen und Nonnen ebenso wie aus Laien besteht, neue Lebenskraft eingehaucht.

Nanquan, einer der berühmten Dharma-Erben von Mazu, sagte: «Wenn du handeln musst, handle. Ahme niemanden nach.» Und

Yuanwu: «Mach dich frei von der Abhängigkeit von allen Dingen, den reinen wie den unreinen.» Ein Sprichwort aus der Tang-Zeit illustriert selbstbewusst die «ungezogene» Art und Weise der alten Meister: «Wohin unsere Ahnen auch kamen, setzte man sie vor die Tür.»

«Ergeh dich allein im Unendlichen», sagte Yingan. Es wird deutlich, dass die Unabhängigkeit als die höchste der Tugenden angesehen wurde, die ein Chan-Mensch besitzen musste. Viele künftige Meister widersetzten sich ihren eigenen Meistern heftig. Sie versetzten ihnen physisch oder verbal einen Hieb und stellten sie immer wieder auf die Probe. Man muss allerdings auch sagen, dass ihre Meister es ihnen mit gleicher Münze heimzahlten.

Was also ist das Chan? Es ist ein Zustand der Geistesgegenwart in jeder Sekunde und aus vollem Herzen, ein Zustand, der in jedem Moment überborden kann. Zhaozhou stand eines Tages mitten in einem Gespräch auf und verschwand für einige Minuten. Als er zurückkam, sagte er zu seinem Schüler: «Die Übung des Weges ist etwas, das niemand für dich erledigen kann. Auch so etwas Unbedeutendes wie Aufs-Klo-Gehen kann dir niemand abnehmen. Was nun ein so wichtiges Thema angeht wie die persönliche Übung, ist es müßig, davon zu sprechen. Jeder muss sie für sich selbst durchführen.»

Das Chan ist ein Ansatz, der unmittelbar auf den Herz-Geist hinweist, der sich spontan äußert und der sich für das Erwachen, das die Quelle aller Dinge ist, öffnet. Wir tun dabei nichts anderes, als dorthin zurückzukehren, woher wir gekommen sind. Es ist ein dynamischer Ansatz, ohne Form und ohne Regeln. Er basiert auf der Meister-Schüler-Beziehung oder, um es treffender zu formulieren, auf ihrer Nicht-Beziehung. Ein Meister findet für jeden Schüler den ihm angemessenen «Dreh» und lässt sich der Zeit und dem Augenblick entsprechend immer wieder etwas Neues einfallen.

Der Angelpunkt der Meisterschaft ist die Kreativität der Meister. In unserer Schule wird die stille Erleuchtung ebenso praktiziert wie die Übung des Gongan (Kôan), dieser Fragen ohne Antworten, durch die wir die Verwirklichung unserer grundlegenden Natur bezeugen können. Es gibt etwa 1700 Gongan in den Schriften, aber jeder Meister kann nach seinem Belieben neue Gongan kreieren.

Das Chan ist ein Weg, der unsere absolute und uns angeborene Weisheit offenbart. Ein Weg, der es uns ermöglicht, in eben diesem Augenblick zur tiefsten Quelle durchzudringen, unmittelbar. Es ist ein Weg zur Anerkennung der uns innewohnenden Freiheit.

Das Chan ist eine Lebenskunst, eine radikale

Transformation aller Gesten, aller Gedanken, aller Gefühle und aller körperlichen Empfindungen – in einer Bewegung, die uns mit unserer absoluten Quelle verbindet. Alles tritt aus ihr hervor und kehrt in sie zurück, in einer fließenden Bewegung, die immer subtiler wird. Bis es kein Gefühl, keine Empfindung, keine Gemütsregung mehr gibt, die nicht Ausdruck unserer geräumigen Freiheit wären. Der Chan-Mensch verwandelt alle Dinge in ein Kunstwerk, dessen Schönheit und Leichtigkeit eine stille Form der Unterweisung sind.

Das Chan ist Glückseligkeit, Entspannung, freudige Präsenz in der Welt. Das Chan ist kein Weg des allmählichen Fortschritts, sondern ein augenblicklicher und direkter Zugang, der all jenen offen steht, die aufgeweckt genug sind, um sich von dem allmählichen Pfad freimachen zu können. Doch für die meisten von uns ist der Weg ein allmählicher, auf dem sich dann, wenn wir bereit sind, ein plötzlicher Zugang öffnet.

Wenn wir nicht in Meditation sitzen, solange wir nicht die Kunst des Gongan praktizieren, schulen wir uns darin, der Dinge, der Gefühle und der körperlichen Empfindungen unmittelbar gewahr zu sein. Diese wundervolle Übung basiert auf der stillen Betrachtung aller Phänomene. Zu Beginn geht es dabei um die Kontemplation eines Objekts in totaler Offenheit, also ohne zuzulassen, dass das Objekt durch mentale Filter charakterisiert wird. Das ist eine Weise, zum Spiegelbewusstsein zu gelangen.

Wir betrachten zum Beispiel einen Baum, ohne ihn zu benennen, ohne ihn zu beschreiben, ohne ihn zu vergleichen. Wir richten all unsere Aufmerksamkeit auf diesen Baum, mit Sinnen, die von der Ausstrahlung des Baumes fasziniert sind. Über die visuelle Wahrnehmung hinaus, die uns für das Spiel des Lichts auf den Blättern öffnet, lassen wir uns auch von den anderen Sinneswahrnehmungen durchfluten: dem Wind, der das Laub zittern lässt, dem Duft des Harzes oder der Blüten des Baumes, der rauen Oberfläche seiner Rinde, und so weiter. Es ist wichtig, die Sinneswahrnehmungen dabei auf das zu beschränken, was direkt von dem Objekt ausgeht, also zum Beispiel nicht das Geräusch eines vorbeifliegenden Flugzeugs mit einzubeziehen.

Man kann jedes Objekt kontemplieren. Einen Kaffeebecher, einen Stein, eine Frucht, den Sitz in einem Bus, ein Graffiti auf einer Mauer. Diese Übung wird uns sehr bald für die stille Kontemplation von Objekten öffnen. Sobald wir uns daran gewöhnt haben, die Objekte unmittelbar zu kontemplieren, wenden wir dieselbe Übung auf unsere körperlichen Empfindungen und auf unsere Gefühle an – ohne zu benennen, ohne zu beschreiben, ohne zu vergleichen. Alles, was auftaucht, ist dann ganz frisch und kristallklar, total und vom Schleier der Konditionierungen befreit.

So kommen wir mit der Essenz der Meditation in Berührung: die Welt sehen, wie sie ist, ohne begriffliche Deformation, ohne Bezug auf ein Ego, das unterscheidet, beurteilt, sich etwas aneignet oder es zurückweist. Wir erfahren das Leben auf diese Weise in einer Intensität, die nicht mehr das Erinnerungsvermögen und das Unbewusste bedient. Jedes Ereignis und jedes Objekt entspringen der reinen Quelle und kehren nach einer uneingeschränkten Reise durch unseren Körper-Geist dorthin zurück.

Das ist eine essenzielle Übung, die es uns ermöglicht, in intimem Kontakt mit der Wirklichkeit zu bleiben und in der Welt zu sein, ohne Gefangener der Welt zu sein.

Tag und Nacht
Füllen Buchstaben den Sinn,
Streit um Nuancen.
Wie gut er selbst doch sei –
Schlecht sind die anderen –
Darüber lärmt der Mensch
Zeitlebens.[91]

Ikkyû Sôjun

Eine Kunst des Lebens

FRAGE: Was mich besonders berührt, ist, dass Sie das Chan als eine Kunst des Lebens bezeichnen.

ANTWORT: Es ist die Kunst, in einer Leichtigkeit zu leben, die sich aus der Erkenntnis ergibt, dass wir keine echte Wahl haben, da wir empfänglich sind für eine Totalität, die den Lauf unseres Lebens von Sekunde zu Sekunde verändert, ohne dass wir die geringste Kontrolle über die Dinge hätten. Sobald wir ganz präsent in dieser Art der Wahrnehmung leben, erfahren wir eine geräumige und durchgehende Freiheit. Wir sind uns nämlich dessen bewusst, dass wir nichts anderes sind als dieses leuchtende Partikel ohne Umfang und ohne Zentrum, das sich in Austausch mit dem gesamten Kosmos befindet. Wir befinden uns in einem kosmischen Spiel, das sich ununterbrochen verändert und in dem jedes Partikel alle anderen Partikel beeinflusst. Es handelt sich dabei um eine Art absoluter Ökologie, in der das geringste Ereignis die Welt von Sekunde zu Sekunde verändert. Weil es darin kein persönliches Schicksal mehr gibt und keine eigenmächtige Wahl, ist unser Handeln elegant, durchsichtig und effektiv.

FRAGE: Und was tragen die Gongan zur Übung bei?

ANTWORT: Das Gongan (Kôan) ist ein Dualitätsvernichtungsmittel. Zuerst einmal fixiert es unseren Geist an einem Ort. Man trägt das Gongan Tag und Nacht mit sich herum, bis es zu einer Obsession wird. In periodischen Abständen gibt der Schüler dem Meister eine Antwort, und der Meister kann daraus entnehmen, wie es mit dem Schüler steht.

Im Grunde gibt es keine «richtige» Antwort. Eines Tages antwortet das gesamte Sein und bezeugt damit ein Erwachen. Eines Tages gibt ein Schüler eine Antwort. Der Meister behandelt ihn wie einen Idioten und gibt ihm die richtige Antwort, indem er die des Schülers wiederholt. Damit wird gezeigt, dass es nicht um das geht, was der Schüler sagt. Man kann die traditionellen Antworten studieren und sie auswendig lernen, aber ein Meister wird einen immer in die Falle locken. Die wahre Antwort ist eine Manifestation des Grenzenlosen.

FRAGE: Können Sie mir ein Gongan geben?

ANTWORT: Hier habe ich etwas. Wenn Sie es erblicken, ist es hier. Doch wenn Sie danach suchen, ist es nicht hier. Was ist es?

Traumverloren wandle ich
Im duftenden Garten
Der schönen Shin.
Über dem Kissen
Pflaumenblüten
Flüstern Frühlingswonnen.
Ich schmecke den Tau der Wollust,
Köstlich, klar und rein.
O goldener Abend!
Wie sollte ich
Unsagbares weitersagen
In einem Gedicht?

Ikkyû Sôjun

Das Nichtdenken

Bodhidharma hat gesagt, er offenbare jedem Lebewesen dessen grundlegenden Geist außerhalb der Schriften und Formen. Wie können wir also in diesen Geist eindringen, wie können wir dafür sorgen, dass er hervortritt und unsere Konditionierungen wegwischt?

Im Chan ist oft vom Nicht-Geist die Rede, wenn dieser grundlegende Geist gemeint ist. Müssen wir also die Aktivitäten des Geistes unterbinden? Foyan sagt ganz klar: «Die Zen-Übung erfordert, dass man sich vom Denken unabhängig macht. ... Löse dich einfach vom gefühlsbedingten Denken und sieh klar, dass es keine gegenständliche Welt gibt.» Aber wenig später präzisiert er den Ansatz des Chan: «Gewahre den nichtunterscheidenden Geist, ohne den unterscheidenden Geist zu verlassen.»[92]

Damit macht Foyan klar, dass die Übung des Chan nicht im Gegensatz zum normalen Funktionieren des menschlichen Geistes steht, und er weist gleichzeitig auf die tiefere Schicht des Geistes hin, die aller Manifestation zugrunde liegt. In seinen Unterweisungen betont Foyan immer wieder die Normalität der Chan-Erfahrung und dass sie keine Flucht aus der Realität sei: «Es hat nicht viel auf sich mit dem Buddhismus; zum Wesentlichen kommen, mehr braucht es nicht. Wir lehren euch nicht, aufsteigende Gedanken auszulöschen, Körper und Geist zu unterdrücken, die Augen zu schließen und das für Zen zu halten. ... Betrachte einfach, was du eben jetzt bist – woher kommt das? Weshalb gerätst du in Verwirrung?»[93]

So hat zum Beispiel der große Meister Zhaozhou in dem Moment Erleuchtung erfahren, als er bei den Worten «Der gewöhnliche Geist ist der Weg» seines Meisters Nanquan den natürlichen Zustand des Geistes erkannte.

Die Übung des Chan zielt auf nichts Esoterisches hin; es geht einfach darum, einen spontanen und natürlichen Geisteszustand zu verwirklichen. Das Chan hat nichts Geheimnisvolles oder Wunderbares. Wir erahnen zunächst ein von Konditionierungen und Bindungen an Regeln freies Bewusstsein, bis wir es irgendwann plötzlich verwirklichen.

Um den Raum zu öffnen und die Barrieren aufzulösen, die uns von einer absoluten Wahrnehmung fernhalten, unterdrücken wir nicht die Gefühle, Empfindungen und den Geist, sondern wir befreien diese von aller konditionierten Wahrnehmung, allen sozialen oder religiösen Einschränkungen, bis wir den «ursprünglichen von Objekten losgelösten Geist» entdecken, wie es Hongzhi Zhengjue (Jap. Wanshi Shôgaku, 1091–1157) lehrte.

«Mach einfach nur deinen Geist frei. Sei nicht zu sehr gespannt und nicht zu locker – auf diese Art sparst du unendlich viel geistige Kraft», sagte Dahui Zonggao (Jap. Daie Sôkô, 1089–1163).[94] Und er fügt hinzu: «Lass deinen Geist offen sein wie der Raum, höre auf, mit dem begrifflichen Bewusstsein Dinge zu ergreifen, und falsche Ideen und Vorstellungen werden gleichfalls sein wie leerer Raum. Dann wird dieser anstrengungslose subtile Geist von selbst unverstellt sein, wohin er sich auch wendet.»[95]

Diese Nacktheit, die das Auftauchen der ursprünglichen Natur ermöglicht, war schon immer der Angelpunkt der Chan-Lehre. Nichts muss unterdrückt werden, wir brauchen nur Raum zu schaffen für alles. Uns mangelt es im Wesentlichen an Raum; wir haben unser System bisher immer wieder eingeengt, aber es hat sich gezeigt, dass dadurch nur noch mehr Spannungen erzeugt werden. Deshalb müssen wir auch nicht irgendwelche Hilfsmittel anwenden, sondern unsere eigene makellose Natur wiederfinden, eine Natur, die geräumig und frei ist, völlig jenseits von Praktiken und ihren Regeln, von Handlungsanweisungen und begrenzenden Rahmenbedingungen. Eben darum sagte ein chinesischer Meister, dass wir die Freiheit nicht dadurch erlangen, dass wir uns an Normen angleichen.

Der Chan-Meister Hanshan, den wir nicht mit dem Dichter Hanshan aus der Tang-Zeit verwechseln dürfen, war der Freund von Zibo, eines anderen großen Meisters der Ming-Zeit. Er gibt eine wunderbare Definition des Nicht-Denkens, mit der er deutlich macht, dass es nicht darum geht, einen völlig leeren Geisteszustand zu erlangen:

Der unaufhaltsame Strom des Denkens des Ichbewusstseins kann nicht lange genug innehalten, um die Wahrheit zu begreifen. Dennoch versuchen die Leute ständig, eine Barriere für diesen Strom auszuklügeln, sie wollen Gedanken benutzen, um das Denken anzuhalten. Gedanken sind wie Wildkatzen. Wir würden niemals eine Wildkatze benutzen, um eine andere Wildkatze zu zähmen.

Wie also treten wir in den Zustand des Nicht-Denkens ein? Wir verstehen, dass sowohl derjenige, der denkt, als auch die Gedanken keinerlei Substanz besitzen. Wir verstehen, dass es in Wirklichkeit nicht den kleinsten Gedanken eines Gedankens gibt und auch keinen Denker. Wenn wir diese Wirklichkeit bezeugen, dann befreit uns unser eigenes Zeugnis von den Fesseln des Denkens und vom Versuch, nicht zu denken.

Die wahre Natur von Geist und Körper ist ruhig und klar, und darin gibt es nicht einen einzigen Gedanken. Es ist das Ich, das denkt, so wie es auch das Ich ist, welches denkt, dass es nicht denken möchte. Das Ich verursacht die Probleme, die es zu lösen versucht. Vom Ich leer zu sein heißt, den klanglosen Klang zu hören, den unsichtbaren Anblick zu sehen, das Denken des Nicht-Denkens zu denken.[96]

Sheng-yen, ein zeitgenössischer chinesischer Meister, der ebenfalls ein Erbe des Dharma von Xu Yun ist, gibt eine klare Definition der stillen Erleuchtung und der Stille des Geistes:

Um das Chan der stillen Erleuchtung zu begreifen, ist es wichtig zu verstehen, dass der Geist sehr friedlich und licht sowie sehr bewusst ist, solange er nicht denkt. Stille und Erleuchtung müssen präsent sein. Wie Hongzhi sagt: Wenn nichts im Geist geschieht, sind wir uns dessen bewusst, dass gerade nichts durch den Geist zieht. Wenn wir nicht bewusst sind, dann ist das die Chan-Krankheit und nicht der wahre Chan-Zustand. In diesem Zustand ist der Geist durchsichtig. In einem gewissen Sinn ist es nicht richtig zu sagen, dass da nichts ist, denn die Transparenz des Geistes ist präsent. Aber es ist insofern richtig, als da nichts ist, was zu einer

Verhaftung oder einem Hindernis werden kann. In diesem Zustand ist der Geist frei von Formen und Eigenschaften.[97]

Der Chan-Übende lässt sein Denken also ungehindert fließen, wie das Strömen eines Flusses. Es ist nicht mehr sein Denken, eher ein Fluss, der in der Kontemplation ebenfalls nicht «sein» Fluss ist. Huineng, der sechste Patriarch, befreit uns in seinem «Podium-Sûtra» von dem Verlangen, nicht mehr zu denken: «Es ist falsch, gar nicht zu denken, sich aller Dinge zu entledigen und keinen einzigen Gedanken aufkommen zu lassen. Denn dies bedeutet, zu sterben und an einem anderen Ort wiedergeboren zu werden (einem anderen Irrtum zu verfallen).»[98] Und an anderer Stelle sagt er:

Wenn der ursprüngliche Geist erkannt wird, ist das bereits Befreiung. Der Befreiung teilhaftig sein ist der Samâdhi der Prajñâ, und das ist Nicht-Gedanke. Was ist Nicht-Gedanke? Wenn man alle Dinge sieht, ohne dass der Geist davon festgehalten wird, ist das Nicht-Gedanke. Sein Wirken durchdringt jeden Ort, ohne irgendwo anzuhaften. Einfach den ursprünglichen Geist reinigen (in seiner Soheit wirken lassen) und die sechs Arten des Bewusstseins durch die Sechs Tore entweichen lassen (wirken lassen) – dann gibt es inmitten der Sechs Arten des Staubs weder

Befleckung noch Unordnung, und Kommen und Gehen sind frei, ungehindert und ohne Stockung. Das ist der Samâdhi der Prajñâ. Die natürliche, freimütige, von nichts befangene Handlung wird das Wirken des Nicht-Gedankens genannt. Gar nichts zu denken und die Gedanken zu vernichten ist ein Gefesseltsein von der Lehre (von begrifflichen Vorstellungen) und wird vorgefasste Meinung genannt.[99]

Die sechs Arten des Bewusstseins, auch die «Sechs Räuber» genannt, sind die Arten des Sinnesbewusstseins, die mit den fünf Sinnen und dem sechsten Sinn, dem Geist, verbunden sind. Die Sechs Tore sind die ihnen entsprechenden Sinnesorgane und die Sechs Arten des Staubes sind die Sinnesobjekte, die durch die Sechs Tore eintreten. Der Samâdhi der Prajñâ ist die Einheit von Raum und Weisheit. Die Weisheit (prajñâ) ist der Samâdhi, der Samâdhi ist die Weisheit.

Diesen wesentlichen Punkt des Chan zu begreifen bedeutet, von allen Anstrengungen abzulassen, nicht mehr darum zu kämpfen, das, was durch unseren Geist zieht, zu vernichten oder zu transformieren. Es bedeutet, in ein großes Loslassen einzutreten, eine «Entspannung», die das Vorspiel zum Samâdhi ist. Wie sagte doch der sechste Patriarch: «Den Geist anzuhalten, ist eine Krankheit.»

Yuanwu schrieb in einem Brief an einen Schüler: «Eine … Schrift sagt: ‹Lass den Geist frei fließen, ohne bei irgendetwas zu verweilen›.» Und er präzisiert: «Wenn du bemerkst, dass du bei etwas verweilst, dass etwas dich hemmt, so sind falsche Vorstellungen im Spiel. Mach deinen Geist so klar und frei, wie der Raum ist.»[100]

Yangqi Fanghui (Jap. Yôgi Hôe, 993–1046) fasst die ganze Angelegenheit zusammen: «Der Geist ist das Vermögen, die Phänomene sind das Gegebene – beide sind wie Kratzer auf einem Spiegel.»[101] Und Zhaozhou versetzt uns in gewohnter Manier einen Schwertstreich: «Eine gute Idee ist nie so gut wie überhaupt keine Idee.»[102]

Ein Wirbelwind,
So fege ich umher
Und mache Wind.
Zuhause
In Schenken und Freudenhäusern –
Von den gelahrten Mönchen,
Wer käme da,
Mich zu begrüßen –,
Norden, Süden,
Osten, Westen,
Ich bin nicht festzunageln![103]

Ikkyû Sôjun

Das Recht, lebendig zu sein

FRAGE: Es geht also nicht darum, sich leer zu machen und nicht zu denken, wie ich das Chan bisher verstanden habe?
ANTWORT: Nein, das ist einer der grundlegenden Irrtümer, die in buddhistischen Kreisen im Umlauf sind. Auch hier ist alles eine Frage des Raumes: Es geht darum, dass das Denken im weiten Raum vollkommen frei ist und dass Sie wie der Weltraum sind, in dem all die Planeten kreisen können, in dem Sternensysteme zusammenstoßen können, in dem alle Materie entstehen und wieder vergehen kann, ohne dass der Weltraum in seiner Offenheit davon im Geringsten berührt wäre. Die Leere des Geistes ist eine schwere Krankheit. Ein leerer Geist ist ein toter Geist. Sich darin zu schulen, die Leere zu erreichen, ist ebenso gefährlich wie unproduktiv, denn der Gedanke der Leere wird sich dem natürlichen Raum überlagern und Sie werden von einem Konzept besessen sein.

Wir sollten niemals vergessen, dass der Buddhismus etwas überaus Klares hat: eine Art direkter Vision des menschlichen Wesens, seines Wirkens, seiner Essenz, seines Vermögens, die Spontaneität und den Raum wiederzufinden, ohne sich irgendwelchen unerfüllbaren Aufgaben zu verschreiben. Wir tun hier niemals etwas anderes, als in Einklang mit unserem unendlichen Raum zu gelangen, indem wir all das, was ein Menschenwesen ausmacht, leben und sich manifestieren lassen. Der Geist ist klar wie der Raum und hält nicht an irgendeinem der Gedanken fest, die durch ihn hindurchziehen mögen. Wie der Weltraum kümmert er sich nicht um Sternschnuppen, so dass diese ganz allmählich aufhören, ihre Bahn durch ihn zu ziehen, und nur das Bewusstsein in seiner Klarheit zurückbleibt.

FRAGE: Aber was ist dann der Kern der Suche, worum dreht sie sich?

ANTWORT: Sie dreht sich um eine einzige Frage: Habe ich das Recht, lebendig zu sein? Alle dualistischen Systeme, die Religionen – einschließlich des Buddhismus –, werden Ihnen mit unterschiedlichen Argumenten antworten: Nein! Das Chan antwortet «Ja!», denn es ist ein nicht-dualistisches System. Was setzen wir also gegen Geist und Materie, Körper und Seele, Endliches und Unendliches, Realität und Illusion? Denken Sie an den großartigen Mazu. Bis zu ihm waren die meisten Buddhisten Verfechter der These der illusionären Natur aller Dinge, aber er riskierte es, ein Schisma zu erzeugen, indem er sagte: «Außerhalb der Realität gibt es nicht die geringste Spur eines Absoluten.»

Habe ich das Recht, lebendig zu sein? Das läuft auf die Frage hinaus: Habe ich das Recht, einen Körper zu haben? Die Antwort darauf gibt wiederum Mazu. Zum Äußersten getrieben von einem Schüler, der ihn fragte, was er jemanden lehren würde, der den Weg verwirklicht habe, antwortete er: «Ich würde ihn lehren, den Großen Weg vermittels des Körpers zu leben.»

Zum Missfallen der Verfechter eines verwässerten und moralisierenden Buddhismus lautet die Antwort: Ja, ich habe das Recht, lebendig zu sein. Doch wenn ich lebendig bin, werde ich es mit Begehren, Leidenschaften, Trieben zu tun bekommen. Also sagen die Schwachbrüstigen: eben mit dem Leiden. Doch die Chan-Meister sagen: Stelle das Begehren, die Leidenschaften, die Triebe in den weiten Raum deiner absoluten Essenz, deiner Buddha-Essenz, und dann ist alles, was dir begegnet, reine Buddha-Natur. «Geh mit den Dingen und sei vom Gefühl her geräumig», sagt Foyan.[104]

Alles, was Ihnen begegnet, ist Chan. Es gibt keinen Ort, der nicht der ideale Ort für die Übung wäre. Wenn Sie eine stille Umgebung brauchen, um still sein zu können, dann sind Sie voller Unruhe. Eines Tages kam Yunmen mit einem Armvoll Brennholz ins Kloster. Ein Schüler trat mit einer Frage an ihn heran: «Meister, was ist der tiefste Sinn des Buddhismus?» Yunmen warf das Holz auf den Boden und sagte: «Der gesamte buddhistische Kanon lehrt nichts anderes als dies!»

Man befreit sich von der Last der Vorstellungen, der Regeln, der Handlungsanweisungen, der Theorien – und man findet die Freude, den Jubel, den Raum. Ohne Einschränkungen überlässt man sich dem Fluss des Lebens; man hört auf zu kontrollieren, zu wählen, anzuordnen. Schritt für Schritt lässt man los, und eines Tages erfährt man die Erleuchtung. Daraufhin bringt man sein Tun mit dieser unendlichen Geräumigkeit in Einklang – das ist eine lebenslange Arbeit. Die anderen und man selbst sind umfangen vom großen Mantel des Erwachens. «Wahre Schüler des Chan haben keine solchen Zufluchtsorte [in weltferner Abgeschiedenheit]; sie tragen ein Leben in sich, das alles religiöse oder sektiererische Chan überschreitet – mit unabhängiger Wahrnehmung», sagt Ying-an.[105] Und genau diese Unabhängigkeit erweist sich als «Anstrengungslosigkeit unter allen Umständen» und dadurch, dass «Handeln und Stille [eines solchen Menschen] immer authentisch» sind.

Es gibt weder ein Ich noch eine Persönlichkeit –
Wer also ist dort und wer ist hier?
Ich rate dir: Hör auf, nur Texte auszulegen,
Denn das ist nichts, verglichen mit der direkten Schau der Wahrheit.
Die Natur der demantenen Weisheit
Ist frei von äußeren Unreinheiten.
Die Worte «Ich höre», «Ich glaube», «Ich empfange»
Sind ohne jeden Sinn und bloße Hilfsmittel.[106]

Der «Laie Pang» (Pang Yun, 740–808)

Die Übung der stillen Erleuchtung

Die Chan-Tradition geht nicht gerade zartfühlend mit den Fans der Meditation um. Es stimmt schon, dass wir diese Übung als ganz wesentlich betrachten – und dennoch haben die klassischen Meister uns ihre Unkenrufe nicht erspart und haben sehr sorgfältig definiert, was sie unter dem «Sitzen in Meditation» verstanden haben. In der Tat wurde das Sitzen in Meditation als «Praxis» erst seit der Song-Zeit (960–1259) institutionalisiert.

Linji sagte:

Tugendhafte Mönche, wenn ich predige, dass es außerhalb keinen Dharma gibt, dann versteht ihr Übenden es nicht und versucht sofort, innerhalb Verstehen zu finden. Ihr setzt euch vor eine Wand, die Zunge an den Gaumen gepresst, vollkommen still und bewegungslos, und haltet dies für den Buddhadharma der Patriarchen-Schule. Das ist ein großer Fehler! Wenn ihr den Zustand der Bewegungslosigkeit und Reinheit ergreift und für richtig haltet, dann erkennt ihr Unwissenheit als Herrn an.[107]

Mian Xianjie (Jap. Mittan Kanketsu, ?–1209) betrachtete auf diese Weise Übende voller Mitleid: «Sie sitzen da, als seien sie tot, während sie auf die Erleuchtung warten.»[108]

Auch Mazu liebte es, sich der Übung der stillen Erleuchtung hinzugeben. Eines Tages, als er unter einem Baum in Meditation saß, kam sein Meister Nanyue Huairang (Jap. Nangaku Ejô, 677–744) vorbei, sah ihn und fragte, was er durch das Sitzen erreichen wolle:

Ma-tsu [Mazu] antwortete ihm, er wolle Buddhaschaft erlangen. Daraufhin ergriff Huai-jang [Huairang] eine Ziegelscherbe und begann, sie an einem Stein zu reiben. Als Ma-tsu ihn fragte, warum er das tue, antwortete ihm Huai-jang, er wolle die Ziegelscherbe zu einem Spiegel polieren.

Daraufhin rief Ma-tsu aus: «Wie kann man aus einer Ziegelscherbe durch Polieren einen Spiegel machen?»

Huai-jang entgegnete: «Wie kann man durch Sitzen in Versunkenheit zu einem Buddha werden?»[109]

Mazu begriff, was sein Meister ihm sagen wollte. Hörte er deshalb auf zu meditieren? Keineswegs. Er trat vielmehr in das wahre Reich der stillen Kontemplation ein.

Meister Mian führt uns zu dieser Übung hin:

Die Zen-Abkürzung besteht darin, das Gegenwärtige sich selbst zu überlassen und den Zustand vor der Geburt, vor der Aufspaltung der Ganzheit, unmittelbar zu erfahren.

Hast du das erreicht, so bist du wie der Drache im Wasser, wie der Tiger in den Bergen. Überall bist du klar und in Ruhe, überall bist du frei, Leben zu geben oder zu nehmen, überall kannst du nun «den Wind entfesseln und das Gras erzittern lassen». Du haftest nicht an Taten und sitzt nicht tatenlos herum.[110]

Und Huineng, der sechste Patriarch, sagt in seinem «Podium-Sûtra»:

Verehrte Zuhörer, meine Lehre der Versenkung beharrt natürlich weder auf Geist noch auf Reinheit und auch nicht auf Unbewegtheit. Wenn davon die Rede ist, die Aufmerksamkeit auf den Geist zu richten (so ist dazu zu sagen): Geist ist seiner Natur nach unfassbar. Hat man erkannt, dass Geist wie ein Phantom ist, gibt es nichts, worauf man seine Aufmerksamkeit richten könnte.

... Kommen von Anfang keine falschen Vorstellungen auf, so ist das Wesen an sich Reinheit. Wo sich der Geist erhebt und an Reinheit klammert, erzeugt man im Gegenteil nur die irrige Vorstellung von Reinheit. …

Verehrte Zuhörer, wenn man sich in (wahrer) Unbewegtheit übt, so bedeutet das, bei allen Menschen nicht die Übel von Richtig und Falsch, Gut und Böse zu sehen. … Verblendete mögen zwar mit bewegungslosem Körper sitzen, aber wenn sie den Mund aufmachen, reden sie über Richtig und Falsch von anderen, über Stärken und Schwächen, Vorlieben und Abneigungen. Dies ist ein Abweichen vom Weg. Wenn man an Geist oder Reinheit haftet, wird das im Gegenteil lediglich zum Hindernis auf dem Weg.[111]

Und etwas später fährt er fort:

Verehrte Zuhörer, was ist das, was man «Sitzen in Versenkung» (zuochan/zazen) nennt? In meiner Lehre bedeutet es die Freiheit von Hindernissen und Hemmnissen. Wenn sich nach außen hin in allen guten und schlechten Umständen kein Gedanke im Geist erhebt (keine Wertung der Umstände entsteht), ist das «Sitzen». Wenn im Inneren das ursprüngliche Wesen, die Unbewegtheit des eigenen Geistes, gründlich erkannt wird, ist das «Versenkung». …

Verehrte Zuhörer, erkennt selbst in jedem Gedanken die Reinheit des ursprünglichen Wesens, übt euch selbst, und verwirklicht den Buddha-Weg selbst.[112]

Für uns ist Meditation ein Zustand, keine Übung. Sie ist etwas Fließendes, ein Präsentsein für die absolute Essenz unserer eigenen Natur, eine Spontaneität, die durch nichts verhindert oder zerstört werden kann. Sie ist eine klare Bewusstheit aller Ereignisse, ein ruhig gewordener Atem, eine Übereinstimmung mit der Welt. Für die Anhänger des Chan ist es essenziell, daran zu glauben, dass die Erleuchtung existiert, auch wenn vielen zeitgenössischen Lehrern die Vorstellung zu gefallen scheint, dass sie eigentlich nicht existiert, dass man nur um des Lehrens willen so tut, als würde sie existieren. Doch wenn die Erleuchtung nicht existierte, gäbe es kein Chan, keine Gemeinschaften, keine Meister und keinen Buddhismus.

Warum aber scheint es vielen Chan-Übenden so schwerzufallen, ihre eigene Natur zu erkennen? Meister Mian hat mit Luchsaugen aufgespürt, wo es bei Chan-Adepten hapert:

> Wenn Menschen sich eifrig im Zen schulen, aber trotzdem nicht Erleuchtung finden, kann das an mancherlei Hindernissen liegen.
>
> Es kann sein, dass sie im Morast der Zen-Sprüche stecken bleiben.
>
> Es kann sein, dass sie wie erstarrt in einer Sphäre staunenswerter Wunderdinge sitzen.
>
> Es kann an der leeren Nicht-Form liegen.

Es kann daran liegen, dass man immer nur Zen und Buddhismus im Sinn hat.

Es kann daran liegen, dass man sich um der Erleuchtung willen über die Verblendung hinwegsetzen möchte.

Es kann daran liegen, dass sie am Anfang keinem wahrhaft erleuchteten Meister begegnet und dadurch in ein Dickicht von Schlingpflanzen geraten sind.

Nicht nur Anfänger begegnen solchen Schwierigkeiten. Sogar Zen-Meister der alten Zeit, die den Geist zutiefst erfasst und Einsicht in sein wahres Wesen gewonnen hatten, verwirklichten zwar den ursprünglichen Zustand, erfassten aber trotzdem nicht die ganze Wahrheit.[113]

Eben das sind die Gründe, warum wir unsere eigene Praxis hinterfragen und die Hindernisse klar sehen sollten, damit wir schließlich in den Kern der authentischen Übung vordringen können. Dann werden wir entdecken: «Das Chan beruht nicht auf der Prämisse, dass es eine Lehre gibt, die man übertragen könnte. Es ist einfach eine Angelegenheit einer unmittelbaren Wechselwirkung, die zum menschlichen Herz-Geist führt, zur Wahrnehmung seiner Essenz und zum Erlangen der Erleuchtung.»[114]

Wer von Rinzais Schülern
Schert sich
Um die Wahre Überlieferung?
In ihren Schulen
Ist kein Obdach
Für den blinden Esel,
Der unterwegs
Mit Stab und Strohsandalen
Wahrheit findet.
Hier übt man Zen auf sichrem Boden,
Bequem zurückgelehnt,
Für eigenen Gewinn.[115]

Ikkyû Sôjun

Das wissende Subjekt ist ein Dieb!

Eines Tages ging Meister Xuansha mit einem seiner Schüler im Wald spazieren. Als plötzlich ein Tiger auftauchte, rief der Schüler erschreckt: «Meister, ein Tiger!»

«Das ist dein Tiger», entgegnete Xuansha ruhig.

Viele Chan-Anekdoten werfen ein Licht auf die Funktionsweise des Gemüts und die Probleme, die es uns bereitet, indem es die Realität ununterbrochen interpretiert, statt sie in ihrer Nacktheit aufzufassen. Aus diesem Grunde ist die Übung des Spiegelgeistes so wichtig: kontemplieren, ohne zu benennen, ohne zu beschreiben, ohne zu vergleichen.

Meister Foyan erzählt eine Geschichte, die verdeutlicht, wie unser Geist die Dinge vernebeln kann:

Einst lebte ein Mönch, der in den buddhistischen Geboten sehr bewandert war und sie sein Leben lang hielt. Einmal war er in der Nacht unterwegs und trat auf etwas Weiches, das unter seinem Fuß zerplatzte. Gleich dachte er, er sei auf einen eiertragenden Frosch getreten. Angesichts des Gebotes, kein Leben zu nehmen, war er zutiefst bestürzt und beunruhigt, und als er in jener Nacht endlich doch schlafen konnte, träumte er von Hunderten von Fröschen, die sein Leben forderten.

Ganz verstört wachte er am Morgen auf, doch dann sah er, worauf er getreten war: eine überreife Eierfrucht. Da war die ganze selbstquälerische Ungewissheit wie abgeschnitten, und zum ersten Mal wurde ihm klar, was gemeint ist mit dem Wort, dass es keine gegenständliche Welt gibt. Da wusste er endlich, wie man Zen übt.[116]

Aufgrund unseres Unvermögens, uns dem Leben in einer nackten Schau der Phänomene direkt zu stellen, ist unser ganzes Gemüt unablässig von irgendwelchen Vorstellungen eingenommen. Dadurch erzeugen wir einen Grauschleier, der alle Phänomene umhüllt und der eine unglaubliche Menge an geistiger Energie verzehrt. Unsere Einbildungen ermüden uns; wir sind erschöpft, weil es uns nicht gelingt, unmittelbar mit der Wirklichkeit zu kommunizieren. Unsere Wirklichkeit wird vielmehr unablässig von einem vollgestopften und zähflüssigen Geist gefiltert, der zaghaft und furchtsam ist, der sich aus lauter Angst ständig seiner selbst und der Dinge versichern will, der die Gefahr, wahrhaft lebendig zu sein, und die Angst vor dem Tod flieht.

Zibo, der Freund von Meister Hanshan, schrieb das folgende Gedicht:

Wie viele Trauerlieder? Wie viele Freudenlieder?
Bis wir schließlich erkennen, dass es außerhalb des Geistes
Nichts davon Verschiedenes zu finden gibt.
Alle Situationen, seien sie widrig oder günstig,
Sind unsere Lehrmeister.[117]

Und Zibo sagt auch ganz klar: «Das wissende Subjekt ist ein Dieb!»[118] Foyan meint: «Wer die Zen-Erleuchtung verwirklicht, transzendiert Subjekt und Objekt. Darüber hinaus gibt es kein Geheimprinzip.»[119]

Im Chan verfolgen wir nicht den Traum, das Gemüt zu unterdrücken oder es zu vernichten. Viel einfacher: Wir lassen ihm einfach seinen Lauf, ohne ihm Aufmerksamkeit zu schenken, bis es zum Augenblick der großen Entspannung kommt. Das Shûrangama-Sûtra schreibt dem Geist die Eigenschaft des Raumes zu: «Dein Geist und dein Körper, die Berge, Flüsse und alle Ebenen der Erde sind nichts anderes als Erscheinungen, die im Einen Geist existieren, leuchtend und authentisch.»[120]

Yongjia Xuanjue (Jap. Yôka Genkaku, 665–713) nimmt im Chan eine besondere Position ein.

Er ist dafür bekannt, von Huineng, dem sechsten Patriarchen, die «Dharma-Übertragung in einer Nacht» erhalten zu haben. Auch wenn Yongjia bereits das Erwachen verwirklicht hatte, wollte er doch das Siegel der Bestätigung von Huineng erhalten. Als er dem sechsten Patriarchen das erste Mal gegenübertrat, verbeugte er sich nicht und erwies ihm keine Geste des Respekts.

Der Patriarch sagte zu ihm: «Der ist ein buddhistischer Mönch, der die dreitausend Vorschriften befolgt und die achtzigtausend Verpflichtungen erfüllt. Woher kommt Ihr, mein Herr? Und woher nehmt Ihr Eure dermaßen große Selbstgewissheit?»

«Leben und Tod sind eine ernste Angelegenheit», antwortete Yong-jia, «und der Tod folgt dem Leben mit erschreckender Geschwindigkeit.»

«Warum erlangt Ihr nicht die Nichtgeburt und befreit Euch von dieser Geschwindigkeit?», fragte der Patriarch.

«Das Erlangen ist Nichtgeburt, und die ursprüngliche Freiheit kennt keine Eile», erwiderte Yong-jia.

«Das ist es, genau das ist es!», rief der Patriarch aus [und bestätigte damit die Erleuchtung Yong-jias].[121]

Bereits am nächsten Morgen verließ Yongjia das Kloster des sechsten Patriarchen wieder und traf nie wieder mit Huineng zusammen. Nach ihrer Begegnung schrieb er das Zhengdaoge (Jap. Shôdôka), das «Lied der Bezeugung des Weges», das meist das «Lied der Erleuchtung» genannt wird:[122]

Siehst du denn nicht
Den in Muße lebenden Menschen des Weges,
Der Gelehrsamkeit aufgegeben hat
Und das Nichthandeln übt,
Der weder Verblendung bekämpft
Noch nach der Wahrheit sucht?
Die wahre Natur der Unwissenheit
Ist Buddha-Natur selbst;
Der leere Illusionskörper
Ist der Körper der absoluten Wahrheit (dharmakâya).

Bist du zum Dharma-Körper erwacht,
So gibt es kein einziges Ding;
Ursprünglich ist unsere Selbst-Natur
Auf natürliche Weise Buddha.
Die Fünf Aggregate[123] *sind wie flüchtige Wolken,*
Die in der Leere kommen und gehen;
Die Drei Gifte[124] *sind wie Blasen im Wasser,*
Die auftauchen und wieder verschwinden.

Wo die absolute Wirklichkeit (dharmadhâtu) sich erweist,
Gibt es kein Subjekt und kein Objekt,
Und das Karma höllischen Leidens
Ist augenblicklich ausgelöscht.[125]
Sollte dies eine Lüge sein,
Mit der ich alle Lebewesen täusche,
Dann möge mir selbst
Für so viele Zeitalter, wie es Staubkörner gibt,
Die Zunge herausgerissen werden.[126]

Wenn du plötzlich erwachst
Zum Chan des Tathâgata,
Sind die Sechs Pâramitâs[127] *und die Zehntausend tugendhaften Taten*
In deinem Inneren bereits in Vollkommenheit vorhanden.
Im Traum sind die Sechs Pfade der Illusion[128]
Ganz deutlich vorhanden;
Doch nach dem großen Erwachen
Ist das ganze Universum nur noch weite Leere.

Es gibt weder Pech noch Glück,
Es gibt nicht Gewinn und Verlust;
In der Stille des Nirvâna
Fragst du nicht nach solchen Dingen.
Du hast längst begriffen, dass es nie nötig war,

Den Spiegel zu polieren;
In eben diesem Augenblick
Ist darin alles deutlich zu erkennen.

Wer ist es, der nicht denkt?
Wer ist da ungeboren?
Wer wirklich ungeboren ist,
Der ist auch wahrhaft lebendig.
Wie könnte denn eine hölzerne Marionette
Durch ihr Nichtdenken zum Buddha werden?

Lass die Vier Elemente los,
Halte an gar nichts mehr fest,
Und du kannst essen und trinken,
Mitten im Nirvâna.
Alle Dinge sind vergänglich
Und vollkommen leer;
Eben dies ist des Tathâgata
Vollkommenes Großes Erwachen.

Sich in dieser Hinsicht vollkommen klar zu sein,
Ist das Kennzeichen des wahren Mönchs.
Wer damit nicht einverstanden ist,
Der soll kommen und mich ernsthaft befragen.
Allerdings ist es das Siegel der Buddhaschaft,
Direkt die Wurzel anzugehen;

Wer nach den Blättern und Zweigen fragt,
Mit dem habe ich nichts zu schaffen.

Die Leute wissen nicht
Um die kostbare Mani-Perle,[129]
Im Schatzhaus des Tathâgata
Können wir sie persönlich empfangen.
Ihr sechsfältiges Wirken[130]
Ist leer und zugleich nicht-leer.
Der Glanz dieses einen vollkommenen Runds
Hat Farbe (Form) und zugleich Nicht-Farbe.

Um die Fünf Arten der Schau[131] *zu klären*
Und die Fünf Kräfte[132] *zu erlangen,*
Muss man nur erkennen, nur bezeugen,
Was vom Verstand nicht auszuloten ist.
Schaust du in einen Spiegel,
Ist es nicht schwer, Formen darin zu erkennen,
Doch wer könnte schon
Den Mond im Wasser ergreifen und herausholen?

Wir arbeiten stets allein,
Wir gehen immer allein –
Und doch beschreitet der Verwirklichte
Zusammen (mit allen Erleuchteten) den Weg des Nirvâna.

Das Lied der Alten auf den Lippen[133] *und mit leuchtend klarem Geist,*
Ist er von spontaner Vornehmheit.
Von schäbiger Gestalt, doch mit einem zähen Kern,
Bleibt er unerkannt in der Menschenwelt.

Von den Nachfahren des Buddha sagt man,
Sie seien arm und mittellos;
Ihre Armut ist wahrlich nur äußerlich,
Am Dao mangelt es ihnen nicht.
In ihrer äußeren Armut
Und unter ihrem verschlissenen Flickengewand
Verbirgt sich in ihrem Dao-Herzen
Doch ein unschätzbares Juwel.[134]

Dieser kostbare Schatz lässt sich nutzen,
Ohne dass er sich jemals erschöpft,
Auch wenn du niemals damit geizt,
Den Umständen entsprechend zum Wohl der Wesen zu wirken.
Die Drei Buddha-Körper und die Vier Weisheiten[135]
Sind vollkommen in uns vorhanden,
Die Acht Befreiungen und die Sechs Kräfte[136]
Sind in den Grund des Herz-Geistes eingeprägt.

Der Mensch von höchster Begabung
Begreift das Eine und hat damit alles begriffen;
Die Menge derer mit mittlerer und niederer Begabung
Hat von vielem gehört und glaubt doch wenig.[137]
Lass fallen die schmutzigen Hüllen über dem,
Was du im Busen trägst,
Wer könnte mit äußerem schönen Schein
Zum Wesentlichen fortschreiten?

Jene, die uns verleumden
Und uns keinen Glauben schenken,
Mühen sich vergeblich in dem Versuch,
Den Himmel mit einer Kerze abzubrennen.
Wenn wir sie geifern hören,
Ist es, als tränken wir süßen Nektar,
Wir verschmelzen mit allem
Und treten augenblicklich ein ins Unfassbare.

So betrachtet leistet üble Nachrede
Uns sogar noch einen Dienst,
Sie bietet unmittelbare Gelegenheit,
Unsere Einsicht zu vertiefen.
Wären wir übler Nachrede
Und Unrecht nicht ausgesetzt,
Wie könnten wir dann die Kraft des Erbarmens

Und der Nachsichtigkeit des Ungeborenen manifestieren?

Wer das Chan ganz durchdrungen hat,
Der versteht auch es mitzuteilen;
Dessen Versenkung (dhyâna) und Weisheit (prajñâ)
Sind vollkommen klar, und er stagniert nicht in der Leere.
So erreicht man die Vollendung
Nicht allein für sich selbst,
Sondern Buddha-Körper wie Sand am Meer
Verwirklichen sie gemeinsam mit uns.

Mit dem Gebrüll eines Löwen
Verkündet er furchtlos die Lehre,[138]
Und er zerschmettert damit
Das Gehirn aller Tiere, die es hören.
Selbst der ehrwürdige Elefant läuft davon
Und verliert sein erhabenes Gebaren,
Allein der Himmeldrache lauscht,
Schweigend und voll entzückter Freude.

Auf Strömen und Meeren bin ich gereist,
Habe Flüsse durchwatet und Berge überquert,
Suchte Meister auf, befragte sie nach dem Weg
Und habe mich im Chan geschult.

Doch erst als ich den Pfad
Des Meisters von Caoqi[139] *erkannte,*
War die Frage von Leben und Tod
Für mich nicht mehr von Belang.

(Lebst du:) «Gehen ist Chan, Sitzen ist Chan»,
Bist du redend und schweigend,
In Bewegung und in Ruhe
Stets in innerem Frieden,
Dann bleibst du, selbst von tödlicher Klinge bedroht,
Immer vollkommen gelassen,
Selbst wenn man dir den Giftbecher reichte,
Von unerschütterlichem Gleichmut.

Unser Meister (Shâkyamuni)
Begegnete einst dem Dîpamkara Buddha,[140]
Und er schulte sich schon Äonen zuvor
Als der Asket Kshânti (Geduldiges Ertragen).
Für wie viele Geburten,
Wie viele Tode,
Willst du endlos wandern
Im Kreislauf von Geburt und Tod?

Erkenne doch in einem Blitz des Begreifens,
Dass du im Grunde ungeboren bist,
Dann hast du in Ehre wie in Schande
Keinen Grund mehr zu Freude oder Sorge.

Gehe tief in die Berge
Und lebe in einer Einsiedelei,
Wo du zwischen steilen Klippen und tiefen Schluchten
Unter Kiefern heranreifen kannst.

Sitze unbewegt und losgelöst treibend
In einer Mönchsklause in der Wildnis;
Verweile dort in Stille
Und in tiefem Frieden.
Bist du plötzlich erwacht,
Brauchst du nach nichts mehr zu streben,
In der Welt des Seins und Tuns gibt es nichts,
Was dem vergleichbar wäre.

Dem eigenen Wohl verhaftet Almosen zu geben,
Mag zum Glück himmlischer Wiedergeburt führen,
Doch das ist, als schössest du
Einen Pfeil hinauf in den Himmel –
Ist seine Schwungkraft erschöpft,
Fällt der Pfeil zurück zur Erde,
Und die Geburt, die darauf folgt,
Ist alles andere als angenehm.

Wie wäre so etwas vergleichbar
Mit dem Nichthandeln als Tor zur Wirklichkeit,

Durch das du geradewegs eintrittst
In den Zustand des Zur-Soheit-Gegangenen.

Halte dich einfach an die Wurzel
Und kümmere dich nicht um die Zweige;
Es ist wie ein kristallklarer Teich,
Der das Kleinod des Mondes enthält.
Sobald du dies wunscherfüllende Juwel
Wirklich begriffen hast,
Ist es von unerschöpflichem Nutzen,
Nicht nur für dich selbst, auch für andere.

Der Mond glitzert auf dem Strom,
Der Wind streicht durch die Kiefern.
Das leuchtende Schwarz der ewigen Nacht –
Wer ist darin zuhause?
Mit Buddha-Natur und ethischer Disziplin
(shîla)
Als Siegel des Herzensgrundes,
Und Nebel, Tau und rosigen Wolken
Als Mönchsgewand auf dem Körper.

Eine Bettelschale, die Drachen bezwingt,
Ein Mönchsstab, der kämpfende Tiger
trennt
Mit dem Klingeling
Seiner metallenen Ringe[141] –
Halte die Erscheinung dieser symbolischen
Gegenstände

Nicht für (im Grunde) leere Dinge,
Sie sind deutliche Spuren, die der kostbare Stab
Des Zur-Soheit-Gegangenen hinterließ.

Suche nicht nach der «Wahrheit»,
Kämpfe nicht gegen «Verblendung»,
Erkenne diese beiden Seiten
Als leer und ohne Form,[142]
Doch diese Nicht-Form ist weder leer
Noch ist sie nicht-leer –
Sie ist vielmehr die wahre Form
Des Zur-Soheit-Gegangenen.

Der Spiegel des Herz-Geistes ist klar,
Sein Spiegeln kennt keine Hindernisse;
Sein helles Licht durchdringt
Welten so zahlreich wie Sand am Meer.
Die Myriaden Formen, ein prachtvolles Netzwerk,
Erscheinen darin als Spiegelung.
Im Strahlen der einen vollkommenen Perle
Gibt es kein Innen, kein Außen.[143]

Wer nur bis zur offenen Leere gelangt
Und Ursache und Wirkung (das Karma) leugnet,
Ist allzu leichtfertig, allzu liederlich,
Und lädt damit nichts als Unheil ein.

Das Sein zu negieren und sich an die Leere
zu halten,
Auch das ist eine schwere Krankheit;
So magst du dem Ertrinken entgehen
Und springst dafür ins Feuer.

Wer den verblendeten Geist loswerden will,
Um die Wahrheit zu ergreifen,
Der trifft mit wählerischem (dualistischem)
Geist
Nur künstliche und falsche Unterscheidun-
gen.
Die gelahrten Leute, die nicht aufhören,
Dies als die Übung des Weges zu bezeichnen,
Sind letztlich wie jemand, der einen Dieb
Mit seinem eigenen Kind verwechselt.

Den Schatz des Dharma verlieren
Und Tugend und Verdienst verspielen –
Der Grund für solchen Verlust
Ist das unterscheidende diskursive Denken.
Wahrlich, die Übung des Chan
Ist das Tor zur Verwirklichung des Herz-
Geistes;
Plötzlich ins Ungeborene einzutreten
Ist die Kraft der wahren Erkenntnis.

Der Mensch von großer Kraft
Schwingt das Schwert der Weisheit,

Sieh nur, wie demanten sie lodert,
Die durchdringende Prajñâ-Klinge!
Sie schneidet nicht nur das nutzlose Wissen
Sämtlicher Irrlehren ab,
Sondern vernichtet auch hier und jetzt
Sämtliche Geistesgifte.

Er lässt den Dharma-Donner rollen,
Er schlägt die Dharma-Trommel –
Er breitet Wolken des Erbarmens aus,
Aus denen es süßen Nektar regnet.
In seinem unaufhaltbaren und majestätischen Lauf[144]
Nährt er Wesen ohne Zahl,
So dass alle Wesen der Drei Fahrzeuge und Fünf Naturen[145]
Erwachen und verwirklicht werden.

In den Schneebergen des Himalaja
Wächst nur das reine Feini-Gras,[146]
Und ich nehme allein die Quintessenz
Der dort erzeugten Butter zu mir.
Die eine vollkommene Buddha-Natur
Durchdringt die Natur aller Wesen,
Der eine allgegenwärtige Dharma
Enthält alle einzelnen Dharmas.

Der eine universelle Mond
Spiegelt sich in jedem einzelnen Teich,

Und der Mond in jedem einzelnen Teich
Enthält den Einen Mond.
Die Dharma-Körper aller Buddhas
Durchdringen meine eigene Natur,
Und meine eigene Natur ist identisch
Mit der des Tathâgata.

Ist diese Ebene erreicht,
Dann sind alle einzelnen Ebenen verwirklicht,
Da gibt es keine Form, da gibt es keinen Geist,
Da gibt es kein Karma mehr.
Mit einem Fingerschnippen
Sind die achtzigtausend Dharma-Tore verwirklicht,
In einem einzigen Moment
Sind die Drei endlosen Zeitalter weggewischt.[147]

Die einzelnen Maßstäbe und Lehrsätze
Sind nicht wirklich Maßstab und Lehrsatz –
Was hätten sie wohl gemein
Mit direkter spiritueller Einsicht?
Sie kann von nichts zerstört,
Von nichts gefördert werden,
Und ihre ungreifbare Substanz
Kennt keinerlei Begrenzungen.
Ohne deinen Wohnort zu verlassen,

Bist du stets voller Klarheit und Frieden;
Nur wer Es sucht und verstehen will,
Der kann Es nicht sehen.[148]
Du kannst Es nicht festhalten,
Du kannst Es nicht loswerden –
Du erlangst Es nur
Im Zustand des Nichterlangens.

Solange du selber schweigst,
Spricht Es zu dir,
Solange du selber redest,
Schweigt Es still.
Das Tor der großen Gaben steht offen,
Solange du es nicht blockierst.

Wenn mich einmal jemand bittet,
Zu erklären, was das Wesen meiner Linie ist,
Da sage ich: Es ist die Kraft der Prajñâ,
Den Spiegel des Geistes von allem Makel zu befreien.
Ist das wahr? Ist das falsch? –
Kein Mensch vermag es zu wissen.
Ist dies der rechte Weg? Ist es der falsche Weg? –
Selbst die Götter vermögen es nicht zu ermessen.

Unendlich lange Kalpas
Verbrachte ich damit, mich zu schulen,

Und ich sage das nicht leichthin,
Um euch damit zu täuschen.
Ich erhebe das Banner des Dharma
Und etabliere das Anliegen unserer Linie.
Es ist die reine Lehre des Buddha,
Die ich von Caoqi (Huineng) erhielt.

Als Erster war da Mahâkâshyapa,
Dem die Leuchte übertragen wurde,
Und über 28 Generationen
Wurde sie unter dem westlichen Himmel bewahrt.[149]
Schließlich floss der Dharma-Strom nach Osten
Und trat ein in unser Land,
Wo Bodhidharma
Zum ersten Patriarchen wurde.
Hier wurde die Robe, wie jedermann weiß,
Über sechs Generationen weitergegeben,
Und niemand kann sagen, wie viele Generationen
Den Weg in Zukunft noch erlangen werden.

Du brauchst die Wahrheit nicht zu etablieren,
Denn Verblendung ist im Grunde leer.
Wischst du Sein und Nichtsein gänzlich beiseite,
Dann ist selbst die Nicht-Leere leer.
Die zwanzig Tore der Leere

Führen im Grunde nirgendwo hin,
Denn die eine Natur des Tathâgata
Ist eins mit allem Dasein.

Der Herz-Geist ist die Wurzel,
Die Phänomene sind bloß Staub –
Diese beiden gegensätzlichen Ansichten
Sind wie Flecken auf dem Spiegel.
Erst wenn wir die Flecken entfernen,
Wird das Licht hell und klar sichtbar.
Sind Herz-Geist und Phänomene beide entfernt,
Zeigt sich augenblicklich die Wirklichkeit.

Aber ach, dies ist die Endzeit des Dharma,
Und die Welt ist voller Falschheit.
Allen Wesen ist nur wenig Glück beschieden,
Und die Selbsterforschung fällt ihnen schwer.
Wie weit haben sie sich doch vom Heiligen entfernt,
Wie extrem sind ihre falschen Sichtweisen!
Die Dämonen sind stark, der Dharma ist schwach,
Und es gibt so viel Furcht und Hass.

Die Lehre des Tathâgata vom plötzlichen Begreifen
Kennen die Leute vom Hörensagen,
Doch solange sie den Hass nicht ausgelöscht haben,

Ist das für sie nur ein zerbrochener Krug.
Ist der Geist erregt,
So schadet das dem Körper –
Da braucht ihr euch nicht über Ungemach zu beklagen
Und andere dafür verantwortlich zu machen.

Wollt ihr vermeiden, das Karma
Unendlichen Leidens einzuladen,
Dann schmäht nicht das Rad
Der wahren Lehre des Tathâgata.

Im Sandelholzwald
Wachsen keine anderen Bäume,
Dort lebt allein der Löwe,
Verborgen im duftenden Gehölz,
Und wandert in spontaner Muße
Durch dessen stille Lichtungen,
Während die anderen Vierbeiner und Vögel
Längst das Weite gesucht haben.

Nur die Schar der Löwenjungen
Folgt dem Geheiß des Meisters,
Und sie vermögen bereits im Alter von drei Jahren
Das große Brüllen erschallen zu lassen.
Wie wohl könnten die Schakale
Den König des Dharma übertönen?

Selbst nach hundert Jahren reißen diese Biester
Vergeblich ihre Mäuler auf.

Die vollkommene Lehre des plötzlichen Erwachens,
Ist für die Menschen schwer zu verstehen,
Doch habt ihr Fragen und wisst nicht, was ihr davon halten sollt,
Kommt geradewegs daher und fordert mich heraus!
Es ist nicht so, dass dieser Mönch aus den Bergen
Sich vor den Leuten aufspielen will –
Ich fürchte nur, dass ihr in eurer religiösen Praxis
In die Grube von «Nihilismus» und «Eternalismus» fallt.[150]

Sein ist Nichtsein,
Nichtsein ist Sein[151] –
Weicht ihr nur eine tausendstel Haaresbreite (von dieser Einsicht) ab,
So geht ihr tausend Meilen am Wesentlichen vorbei.
Als sie das begriff, erlangte selbst die Tochter des Drachen
Plötzlich die vollkommene Buddhaschaft.
Weil er das nicht begriff, stürzte selbst der

Mönch Guter Stern
Hinab in eine Geburt in den Höllen.[152]

Was mich angeht, ich häufte bereits in jungen Jahren
Wissen über Wissen an;
Ich liebte es zu diskutieren,
Studierte Sûtras, Shastras und die Kommentare.
Haare spaltend, unterschied ich Namen und Formen,
Und fand dabei kein Ende;
Ich tauchte in den Ozean hinab, um die Sandkörner zu zählen,
Und umgab mich mit eifrigen Schülern.

Doch der Tathâgata war freundlich genug,
Mich heftig zu kritisieren:
«Was hast du denn davon,
Die Schätze anderer zu zählen?»[153]
Da sah ich, dass ich mich in Hin und Her verrannt hatte,
Und erwachte aus meinen müßigen Anstrengungen,
Nachdem ich viele Jahre umhergeirrt war
Auf staubigen und windigen Wegen.

Pflegst du ungesunde Eigenschaften
Und irrige Ansichten,

Kannst du das vollkommene plötzliche Erwachen
des Tathâgata nicht erlangen.
So sehr die Anhänger der Zwei Fahrzeuge sich auch bemühen,
Es mangelt ihnen am Geist des (wahren) Weges.[154]
Die Vertreter weltlicher Philosophien mögen noch so klug sein,
Es fehlt ihnen an transzendenter Weisheit (prajñâ).

In ihrer Beschränktheit
Und ihrer Kleingeistigkeit
Halten sie die leere Faust und den deutenden Finger
Für die wahre Wirklichkeit.
Doch indem sie den deutenden Finger
Mit dem hellen Mond verwechseln,
Erfinden sie in der Welt der Sinne und Objekte
Irrtümlich alle möglichen Wahnvorstellungen.

Siehst du kein einziges Objekt,
Dann entsprichst du dem Tathâgata –
Nur dann kann man dich Guanzizai nennen,
«Der ohne Einschränkung Betrachtende».[155]
Hast du dies einmal verwirklicht,

Sind karmische Hindernisse von Grund auf geleert,
Doch wenn du es nicht begreifst,
Musst du deine karmischen Schulden bezahlen.[156]

Den Hungrigen wird ein königliches Mahl serviert,
Doch sie schaffen es nicht zu essen;
Die Kranken treffen den König der Heiler,
Doch sie weigern sich zu gesunden.
Für all jene, die in der Welt der Begierde leben,
Erweist das Chan seine Kraft weiser Schau;
Der Lotos gedeiht auch mitten im Feuer
Und wird niemals zerstört.

Yongshi beging schwere Übertretungen der Gebote,
Und doch begriff er das Ungeborene.[157]
Die Buddhaschaft, die er vor langer Zeit verwirklichte,
Ist auch in diesem Moment noch präsent.

Der brüllende Löwe
Verkündet die Lehre ohne Furcht,
Doch, ach wie traurig, die Leute
Sind unwissend, verstockt und unkultiviert.
Nach ihrem Verständnis blockiert

Das schwere Vergehen das Erwachen (bodhi),
Das offene Geheimnis der Lehre des Tathâgata,
Sie begreifen es nicht.

Es waren einmal zwei Mönche,
Die das Verbrechen der Unkeuschheit und des Mordes begingen,
Und Upâlis dürftiges Verständnis[158]
Ließ ihr Vergehen nur noch schlimmer erscheinen.
Erst der Mahâsattva Vimalakîrti
Machte ihrem Zweifel augenblicklich ein Ende,
So schnell wie die strahlende Sonne
Raureif und Schnee schmelzen lässt.[159]

Die Macht der Befreiung (moksha)
Ist jenseits von Denken und Worten (achintya),
Sie wirkt Wunder, so unzählbar viele,
Wie es Sandkörner (im Ganges) gibt.
Wer sie verwirklicht hat, ist würdig,
Dass man ihm die Vier Gaben[160] *darbringt,*
Sie zu erlangen ist mehr wert
Als zehntausend Unzen reinen Goldes.
Selbst wenn wir (als Opfergabe) unsere Knochen zermalten

Und unseren Körper in Stücke schnitten,
könnten wir sie nicht entgelten,
Ein einziges wahres Wort
Wiegt mehr als ganze Bibliotheken.[161]
Wer König ist im (Reich des) Dharma,
Ist von unübertroffener Erhabenheit,
Das wird von Tathâgatas wie Sand am Meer
Mit einer Stimme bezeugt.

Hier habe ich nun die Mani-Perle
Offen dargelegt,
Wer daran glaubt und sie annimmt,
Wird ein solcher König sein.
Wer sie erkennt und klar sieht,
Für den gibt es kein einziges Ding zu sehen:
Es gibt weder Buddha,
Noch gibt es ein Ich.

Der Kosmos mit Welten so zahlreich wie Sandkörner –
Was ist er mehr als eine Luftblase im Meer?
Sämtliche Weisen und Heiligen –
Nur das Flackern eines Blitzes.
Drehte sich auch über meinem Kopf
Ein glühendes eisernes Rad,[162]
Die vollkommene Klarheit von Dhyâna und Prajñâ[163]
Bliebe davon unberührt.

Würden sie auch die Sonne erkalten
Und den Mond verglühen lassen,
So könnten doch sämtliche Dämonen
Nichts an der Wahrheit dieser Lehre ändern.
Rollt das erhabene Gefährt
Von Elefanten gezogen dahin,
Wie könnte die Gottesanbeterin (mit ihren erhobenen Vorderbeinen)
Es in seiner Bahn aufhalten?

Der majestätische Elefant
Wandelt nicht auf Kaninchenpfaden,
Das große Erwachen
Lässt sich nicht auf kleine Häppchen reduzieren.
Die unendliche Weite des Firmaments
Kann niemand durch einen Strohhalm sehen –
Begreifst du immer noch nicht,
Dann erledige ich die Angelegenheit für dich.[164]

Warum ist dieser leere Traum so schön,
Dieser Wahn – warum?[165]

Ikkyû Sôjun

Sich mit dem konfrontieren, der Angst davor hat, nicht zu wissen

FRAGE: Was ist der wichtigste Punkt, den wir beachten sollten? Das Chan bietet ja eine breite Palette von Hilfsmitteln an – womit sollen wir anfangen und womit aufhören ... wenn das nicht letztlich dasselbe ist?
ANTWORT: Ganz genau. Man beginnt damit, dass man sich der Tatsache bewusst wird, dass Angst die Triebkraft all unseres Tuns und Nichttuns ist, all unserer Strategien – bis die Angst sich legt und schließlich ganz verschwindet.

FRAGE: Aber wie schaffen wir das?
ANTWORT: Indem wir in jedem Augenblick präsent sind. Durch die Präsenz lernen wir den Tod kennen, und wie könnten wir noch Angst vor dem Leben haben, wenn wir den Tod kennen? Ganz allmählich wird die Präsenz uns dazu bringen, jeden Augenblick in seiner Dynamik anzunehmen. Alles wird handhabbar, alles ist eine Manifestation der Geräumigkeit unseres eigenen Herz-Geistes. Ein Schüler fragte Meister Yunmen: «Was ist das Allerwichtigste für mich?»

Yunmen antwortete: «Dich dem zu stellen, der Angst davor hat, nicht zu wissen.»

Uns allen wohnt das Wissen bereits inne – die Erleuchtung, die Mittel, in Spontaneität und Freude einzutreten. Wir schaffen das, indem wir uns dieses angeborenen Wissens bewusst werden, sowie dadurch, dass wir sämtliche uns eingrenzenden inneren und äußeren Strukturen aufgeben. Wenn wir damit aufhören, uns zu reduzieren auf die Negierung dessen, was wir sind, entdecken wir den absoluten Raum. Es verlangt allerdings Mut und Ausdauer, so zu leben, dass jeder Augenblick ein Augenblick sein kann, in dem wir uns weigern, die uns innewohnende Freiheit gegen die Versprechungen eines idealen Anderswo einzutauschen.

Wir schaffen das, indem wir aufhören, Idealisten zu sein, indem wir unserer eigenen Natur den Raum gewähren, den sie braucht, um sich zu entfalten – außerhalb aller Systeme, die uns die Flügel stutzen, indem sie uns dazu bringen, uns selber einen falschen Frieden vorzugaukeln. Hören wir auf damit, unserer menschlichen Natur entfliehen zu wollen – leben wir sie, voll und ganz!

«Was ist der Weg?», fragte ein Schüler.

Meister Yunmen antwortete: «Ja!»

Anmerkungen

1 «Zen» ist die japanische Aussprache von «Chan», was wiederum die chinesische Übersetzung des Sanskrit-Wortes dhyâna, «Meditation», ist.
2 Nach indischem Verständnis, aber auch in anderen spirituellen Traditionen, wo man einem Heiligen die Füße küsst oder wäscht, sind die Füße ein besonders «heiliger» und segenskräftiger Körperteil eines Meisters, weshalb man auch «zu Füßen des Meisters sitzt». (Anm. d. Übers.)
3 Es gibt zwei berühmte Gestalten namens Hanshan: den Dichter vom «Kalten Berg» (Hanshan), der wahrscheinlich im 7./8. Jahrhundert lebte, und den Chan-Meister Hanshan Deqing (1546–1604) aus der Ming-Dynastie.
4 Übersetzt nach J. C. Cleary (Übers.), Zibo. The Last Great Zen Master of China, Fremont, CA (Jain Publishing Company) 1989, S. 19.
5 Tathâgata, «der Zur-Soheit-Gegangene», ist eine Bezeichnung des Buddha. Die «lange breite Zunge» ist ursprünglich eines der 32 körperlichen Hauptmerkmale eines Buddha. Sie wurde später jedoch zu einem Symbol der Universalität und unendlichen Vielfalt der Lehren der Erleuchtung. (Anm. d. Übers.)
6 Übersetzt nach J. C. Cleary, Zibo, op. cit., S. 109.
7 Übersetzt nach Ikkyu. Wild Ways, übers., v. John Stevens, Buffalo, NY (White Pine Press) 2003. Ikkyû, der sich selbst auch «Verrückte Wolke» nannte, war einer der größten japanischen Zen-Meister des 15. Jahrhunderts. Er war Kalligraph und Dichter, ein totaler Ikonoklast und verliebt in eine junge blinde Geisha namens Mori, für die er wundervolle Liebesgedichte schrieb. Als Abt des Daitoku-ji, eines der berühmtesten Zen-Klöster Kyôtos, ging er z.B. in seinen purpurnen Zeremonialgewändern ins Freudenhaus, um deutlich zu machen, dass es keinen Unterschied zwischen

diesem Ort und seinem Kloster gäbe.
8 Es gibt bisher nur eine komplette Ausgabe dieses Werks in einer westlichen Sprache: Thomas Cleary (Übers.): The Flower Ornament Scripture: a translation of the Avatamsaka Sutra, 3 Bände, Boston (Shambhala) 1984, 1986 und 1987.
9 Thomas Cleary (Hrsg.), Der Mond scheint auf allen Türen. Zen-Aphorismen großer Meister über die Kunst des Lebens aus innerer Freiheit, Bern u.a. (O. W. Barth) 1992, S. 120.
10 Da die meisten der frühen Chan-Meister im Westen vor allem unter ihrem japanischen Namen bekannt sind, hat der deutsche Übersetzer bei ihrem ersten Auftauchen im Text jeweils die japanischen Namen und zu einer leichteren historischen Einordnung auch die Lebensdaten ergänzt. (Anm. d. Übers.)
11 Thomas Cleary (Hrsg.), Der Mond scheint auf allen Türen, op. cit., S. 29.
12 Ebenda, S. 96.
13 Übersetzt nach James Green (Übers.), The Recorded Sayings of Master Joshu, Boston (Shambhala) 1998.
14 In diesem Kontext hat der Begriff dharma noch eine weitere Bedeutung, nämlich «Ding» oder «Phänomen». (Anm. d. Übers.)
15 Übersetzt nach Jacques Pimpaneau (Übers.), Poèmes Chan, Arles (éditions Philippe Picquier) 2005.
16 Hanshan, Gedichte vom Kalten Berg: Das Lob des Lebens im Geist des Zen, aus dem Chinesischen übersetzt und kommentiert von Stephan Schuhmacher, Neuausgabe Freiamt (Arbor) 2001, S. 138. Die im Gedicht erwähnten «Gelben Quellen» sind das chinesische Totenreich.
17 Übersetzt nach Patrick Carré (Übers.), Soûtra de la Liberté inconcevable, les enseignements de Vimalakirti, Paris (Fayard) 2000, sowie Charles Luk (Übers.), The Vimalakirti Nirdesa Sutra, Berkeley (Shambhala) 1972.
18 Die Übersetzung von Urs App, die der Autor hier zitiert, macht aus der Frage von Yunmen eine platte «ikonoklastische» Aussage. Diese Aussage findet sich aber im Wumen-

guan (Jap. Mumonkan) als das Kôan Nr. 16, und ein Kôan wird erst daraus, wenn wir, dem chinesischen Original entsprechend, ubersetzen: «Die Welt ist also groß und weit. Warum legen wir beim Klang der Glocke das siebenteilige Gewand an?» Das «siebenteilige Gewand» ist das «einfache Zeremonialgewand», das die Chan-Meister etwa zu den täglichen Unterweisungen anlegten. (Anm. d. Übers.)

19 Übersetzt nach Chan Master Sheng-yen, Complete Enlightenment, Erlmhurst, NY (Dharma Drum Publications) 1997, S. 151.

20 Shunryu Suzuki, Zen-Geist, Anfänger-Geist, Zürich (Theseus) 1975, S. 96.

21 Zitiert nach Meister Yunmen, Zen-Worte vom Wolkentor-Berg, aus dem Chinesischen übersetzt und herausgegeben von Urs App, Bern u.a. (O. W. Barth) 1994, S. 171.

22 Übersetzt nach Lu K'uan Yü (Charles Luk), Chan and Zen Teaching, York Beach, Maine (Samuel Weiser) 1993, S. 35.

23 Die «siebenunddreißig Hilfsmittel zur Erleuchtung» (bodhipâkshika-dharma) umfassen die Kernlehren des Buddha über den Weg zur Erleuchtung und die Erleuchtung selbst. (Anm. d. Übers.)

24 Nach der Übersetzung von Robert Thurman; siehe http: //www2.kenyon.edu/Depts/Religion/Fac/Adler/Reln260/ Vimalakirti.htm

25 Der Fliegenwedel gehört zu den Insignien der Autorität eines Sifu, der die Übertragung einer Linie erhalten hat.

26 T. Cleary (Hrsg.), Der Mond scheint auf alle Türen, op. cit., S. 128.

27 Ebenda, S. 115.

28 Übersetzt nach J. C. Cleary (Übers.), Zibo, op. cit., S. 101.

29 Übersetzt nach Jacques Pimpaneau (Übers.), Poèmes Chan, Arles (éditions Philippe Picquier) 2005.

30 Stephan Schuhmacher, Zen, München (Diederichs) 2001, S. 20.

31 Übersetzt nach Thomas Cleary (Hrsg.), Foyan: Instant Zen, Boston (Shambhala) 2003.

32 Bodhidharmas Lehre des Zen. Frühe chinesische Zen-Texte, Zürich (Theseus) 1990, S. 25.
33 Ebenda, S. 27.
34 Ebenda, S. 29, 30.
35 Ebenda, S. 35f.
36 Ebenda, S. 38.
37 Ebenda, S. 39.
38 Ebenda, S. 42f.
39 Ebenda, S. 46f.
40 Ebenda, S. 48.
41 Ebenda, S. 55f.
42 Ebenda, S. 58.
43 Ebenda, S. 59.
44 Ebenda, S. 84.
45 Mañjushrî ist der Bodhisattva der Weisheit; er wird zumeist mit einem Buch in der einen und dem alle Verblendung abschneidenden Schwert der Weisheit in der anderen Hand dargestellt. (Anm. d. Übers.)
46 Ikkyû Sôjun, Im Garten der schönen Shin. Die lästerlichen Gedichte des Zen-Meisters «Verrückte Wolke», Düsseldorf, Köln (Diederichs) 1979, S. 147.
47 Sengcan, Xinxinming – Die Meißelschrift vom Vertrauen auf Geist, aus dem Chinesischen übersetzt und mit Anmerkungen versehen von Stephan Schuhmacher, Copyright © 2008 by ENSO Publishing, Le Montat, Frankreich.
48 Wie die meisten der frühen Chan-Meister ist Sengcan stark vom Daoismus geprägt und bezieht sich immer wieder auf dessen zentrale Konzepte wie das Nichttun (wuwei) und das «(Von-)Selbst-So(-Sein)» oder die totale Unbedingtheit (ziran). Vergleiche zu dieser Stelle Laozi, Daodejing, Kap. 48: «Wer das Lernen übt, gewinnt täglich hinzu. Wer den Weg übt, der verliert täglich. Er verliert und verliert, bis er schließlich ankommt beim Nichttun. In diesem Nichttun bleibt nichts ungetan.»
49 Ziran, wörtlich «selbst so», ist eines der zentralen Konzepte des Daoismus. Was von selbst so ist, wie es ist, manifestiert sich jenseits aller Kausalität ohne jegliche Vorbedingung – in einem Akt absoluter Spontaneität.

50 Die «Sechs Arten des Staubs» sind die «sechs Sinne». Nach buddhistischem Verständnis hat der Mensch nicht nur funf Sinne, also Sehen, Hören, Riechen, Schmecken und den Tastsinn, sondern darüber hinaus noch das Denken, das ebenfalls als eine Sinnesfähigkeit gilt. Die mit diesen Sinnen wahrgenommenen Phänomene fesseln den Menschen an die Welt der Phänomene, die «Welt des Staubes».
51 Die «Zehn Richtungen» bedeutet «überall und zu jeder Zeit».
52 Übersetzt nach Ikkyu. Wild Ways, übers. v. John Stevens, Buffalo, NY (White Pine Press) 2003.
53 Chung-yuan Chang, Zen. Die Lehre der großen Meister nach der klassischen «Aufzeichnung von der Weitergabe der Leuchte», Frankfurt am Main (W. Krüger) 2000.
54 Niutou Farong, Xinming – Die Herz-Geist Einmeißelung, aus dem Chinesischen übersetzt und mit Anmerkungen versehen von Stephan Schuhmacher, Copyright © 2008 by ENSO Publishing, Le Montat, Frankreich. Das Schriftzeichen «ming» im Titel dieses Gedichts wie in dem von Sengcan (Xinxinming) wird oft mit «Gesang» übersetzt. Es bedeutet eigentlich «einmeißeln». Im alten China wurden Schriften, die der Nachwelt erhalten bleiben sollten, oft in Steinplatten gemeißelt; Steinabreibungen von solchen Platten waren eine frühe Form des Drucks. Die Schriften Xinxinming von Sengcan und Xinming von Niutou sind als «Meißelschrift» in diesem Sinne gemeint. Aber «mingxin», die beiden Zeichen in umgekehrter Reihenfolge, bedeutet auch «ins Herz geschrieben, stets eingedenk sein», und die Autoren spielen natürlich auch mit dieser Bedeutung: der Sinn dieser Texte sollte dem Leser wirklich «ins Herz geschrieben sein», wir sollten seiner «stets eingedenk» sein, was von der freien Übersetzung «Lied» oder «Gesang» her nicht erfasst wird.
55 Wörtlich: «zong heng», «Kette und Schuss», also die horizontalen und vertikalen Fäden eines Gewebes, d.h. hier «auf und ab, oben und unten, links und rechts», d.h. hier in sämtlichen Richtungen/Dimensionen (des großen Gewebes des Kosmos). Sheng-yen übersetzt «überall in Zeit und Raum».

56 Was hier mit «Geist-Moment» übersetzt ist, kann auch «Gedanke» heißen; im buddhistischen Kontext steht das Schriftzeichen «nien» (das aus den beiden Schriftzeichen für «Herz-Geist» und «jetzt» zusammengesetzt ist) präziser für die einzelnen Bewusstseinsmomente, die in ihrer schnellen Abfolge nicht nur unser diskursives Denken konstituieren, sondern auch das, was wir für eine kontinuierliche Realität halten (so wie wir die einzelnen Standbilder eines Films in ihrer schnellen Abfolge als kontinuierliche Bewegung erfahren). Die Tatsache, dass Denken und «Realität» nicht kontinuierlich und monolithisch sind, sondern aus einzelnen Geist-Momenten mit Lücken dazwischen bestehen, macht es möglich, den Prozess der ständigen Projektion von Gedanken und «Dingen» zu unterbrechen.

57 Vergangenheit, Gegenwart und Zukunft.

58 Laozi sagt im 10. Kapitel des Daodejing: «Kannst du deine Seele bilden, dass sie das Eine umfängt, ohne sich zu zerstreuen? Kannst du deine Kraft einheitlich machen und die Weichheit erreichen, dass du wie ein Kindlein wirst?» (Übers. R. Wilhelm)

59 «Sammeln» und «Zerstreuen» sind zwei Grundbegriffe aus dem Bereich der meditativen Praxis der daoistischen Inneren Alchimie (neidan), «langsam» (allmählich) und «schnell» (plötzlich) sind Kategorien des bereits im Umfeld des frühen Chan geführten Disputs, ob die Erleuchtung nun auf dem langsamen Weg einer allmählichen Schulung über viele Leben eintritt oder sich auf einem schnellen Weg plötzlich innerhalb eines einzelnen Lebens einstellen kann.

60 Wörtlich ziran, also «(von) selbst so (sein)». Das Konzept des ziran ist eines der tiefgründigsten Konzepte des Daoismus, dessen Vokabular die frühen Patriarchen des Chan oft zur Darlegung des Buddhadharma verwenden. Was von selbst so ist, wie es ist, ist völlig unbedingt, also jenseits von Ursache und Wirkung, Zeit und Raum. Niutou setzt hier das ziran mit dem buddhistischen Konzept der absoluten Wirklichkeit der Erleuchtung gleich. Die leuchtende Stille ist zugleich völlige Bewegungslosigkeit (Stille) und Aktivität (Leuchten), und dieses Leuchten ist

die spontane Manifestation (ziran) aller Erscheinungen aus der Stille. Das übersteigt, wie die nächste Zeile sagt, jegliches Verstehen, und wenn alles ziran, von selbst, also völlig unbedingt entsteht, dann gibt es auch nichts zu erreichen, denn nichts, was wir tun, könnte Vorbedingung für ein «Erreichen» sein.

61 Im Mahâparinirvâna-Sûtra werden die Vier Tugenden, nämlich Beständigkeit, Freude, Persönlichkeit und Reinheit, als Merkmale der Natur eines Buddha bezeichnet.

62 Die Drei (Buddha-)Körper (trikâya) sind drei Aspekte der wahren Wirklichkeit, nämlich der Dharmakâya, der Körper der absoluten Wirklichkeit, der Sambhogakâya, der Körper des Entzückens oder Körper der vollkommenen Hilfsmittel, und der Nirmânakâya, der Körper der Emanation oder Manifestation.

63 Wörtlich: Mahâsattva, «Großes Wesen»; dieser Terminus ist ein Synonym für Bodhisattva.

64 Vergleiche Laozi, Daodejing, Kap. 29: «Die Welt erobern und behandeln wollen, ich habe erlebt, dass das misslingt. Die Welt ist ein geistiges Ding, das man nicht behandeln darf. Wer sie behandelt, verdirbt sie, wer sie festhalten will, verliert sie.» (Übers. R. Wilhelm)

65 Die klassische Metapher im Buddhismus ist «wie Sandkörner im Ganges», was dasselbe bedeutet wie in unseren Breiten «wie Sand am Meer», nämlich «unendlich viel».

66 Der «Dharma-Sitz» war der erhöhte Stuhl, auf dem ein Meister des Dharma Platz nahm, um zu lehren.

67 Die Sechs Vollkommenheiten oder Sechs Pâramitâs sind die Grundlage des Weges eines Bodhisattva zur Erleuchtung. Es sind Großzügigkeit (dâna), ethische Disziplin (shîla), Geduld (kshânti), Ausdauer (viryâ), meditative Versenkung (dhyâna) und transzendente Weisheit (prajñâ).

68 Dharmas kann hier sowohl im Sinne von «Lehren» (etwa die zuvor angeführten Lehren von den Vier Tugenden und den Sechs Vollkommenheiten) als auch im Sinne von «Erscheinungen» verstanden werden.

69 Übersetzt nach Pimpaneau, Poèmes Chan, op. cit.

70 Das chinesische Wort «zehntausend» bedeutet immer

«unzählig viele», «sämtliche» oder «Myriaden». (Anm. d. Übers.)

71 Hui-neng, Das Sutra des Sechsten Patriarchen. Das Leben und die Zen-Lehre des chinesischen Meisters Huineng (638–731), mit Erläuterungen von Soko Morinaga Roshi, aus dem Chinesischen und dem Japanischen übersetzt von Ursula Jarand, Bern u.a. (O. W. Barth) 1989, S. 109f.

72 Übersetzt nach Catherine Despeux (Übers.), Les entretiens de Mazu, maître Chan du VIIIe siècle, Paris (Les Deux Océans) 1980.

73 Bekannt ist dieser große Meister unter dem Ehrentitel Mazu, «Der Patriarch aus dem Hause Ma»; er ist damit der einzige Chan-Meister nach Huineng (der das Patriarchat nicht weitergab), der im späteren Chan ehrerbietig als «Patriarch» bezeichnet wurde. (Anm. d. Übers.)

74 Fünf Wesen ist ein Begriff, der auf die Fa-hsiang-Schule (Jap. Hossô-Schule) des Buddhismus zurückgeht. Alle Menschen sind demzufolge mit einem dieser fünf Wesen ausgestattet. Diese sind: 1. das Wesen, demzufolge jemand zu einem Bodhisattva werden kann; 2. das Wesen eines Einsam-Verwirklichten (pratyekabuddha); 3. das Wesen eines Hörers oder frommen Nachfolgers (shrâvaka); 4. das Wesen, das es ermöglicht, alle drei dieser Stufen zu getrennten Zeitpunkten zu erreichen; 5. das Wesen, das unter keinen Umständen zur Erleuchtung führt. Nur Menschen, die mit dem ersten, und einige von denen, die mit dem vierten Wesen ausgestattet sind, können Buddhas werden. (Anm. d. Übers.)

75 Linji Yixuan, Das Denken ist ein wilder Affe. Aufzeichnungen der Lehren und Unterweisungen des großen Zen-Meisters, kommentierte Übersetzung aus dem Chinesischen von Ursula Jarand, mit Erläuterungen von Soko Morinaga Roshi, Bern u.a. (O. W. Barth) 1996, S. 155f.

76 Wumenguan. Die torlose Schranke, 19. Beispiel, Übersetzung von Stephan Schuhmacher.

77 Bis auf das Gongan aus dem Wumenguan sind die Texte von Zhaozhou übersetzt nach James Green (Übers.), The Recorded Sayings of Master Joshu, op. cit.

78 «Wu» (Jap. Mu) bedeutet so viel wie «Nichts», «Nein», «ist nicht», «hat nicht», aber wie die Chan- und Zen-Meister betonen, sollte man dieses «Wu» nicht als Negation verstehen. (Anm. d. Übers.)
79 Wang Wei, Jenseits der weißen Wolken. Die Gedichte des Weisen vom Südgebirge, aus dem Chinesischen übertragen und kommentiert von Stephan Schuhmacher, Düsseldorf, Köln (Eugen Diederichs) 1982 (vergriffen), S. 150. Eine überarbeitete Neuausgabe ist für 2009 beim Deutschen Taschenbuch Verlag (dtv) in Vorbereitung.
80 Der Diamant ist im Buddhismus oft ein Symbol für die «unzerstörbare» absolute Wirklichkeit, die «Leere», deren Verwirklichung allerdings zu einer Falle werden kann, wenn man dabei stehen bleibt. Das Dornengestrüpp, oft eine Metapher für das diskursive Denken, dürfte hier für den anderen Aspekt der Wirklichkeit, die relative Welt der Erscheinungen stehen. (Anm. d. Übers.)
81 Übersetzt nach Zen Letters: Teachings of Yuanwu, übersetzt und herausgegeben von J. C. Cleary und Thomas Cleary, Boston (Shambhala) 1994, S. 67f.
82 Die Tang-Zeit (618–907) und die Song-Zeit (960–1279) waren Zeiten der Blüte des Chan in China, die hunderte von beachtlichen Chan-Meistern hervorgebracht haben. (Anm. d. Übers.)
83 Ikkyû Sôjun, Im Garten der schönen Shin, op. cit., S. 57.
84 Die «Hörer» (Skrt. shrâvaka) gehören nach Ansicht des Mahâyâna-Buddhismus, des Buddhismus des «Großen Fahrzeugs», zu den Vertretern des Hînayâna, des «Kleinen Fahrzeugs», die besonderen Wert auf die Auslöschung der so genannten «Geistesgifte» oder «Unstimmigen Geisteszustände» (Skrt. klesha) legen. (Anm. d. Übers.)
85 Huang-po, Der Geist des Zen, herausgegeben von John Blofeld, Bern u.a. (O. W. Barth) 1983.
86 Übersetzt nach Thomas Cleary (Hrsg.), Foyan. Instant Zen, Boston (Shambhala) 2003.
87 Vimalakîrti bezieht sich in diesen ersten vier Sätzen auf die «Vier Illusionen», wie sie vom Buddha im Vajracchedikâ-Sûtra («Diamant-Sûtra») dargelegt werden, nämlich

die Illusion der Existenz eines Ich, eines Menschen, eines Lebewesens und eines Lebens. (Anm. d. Übers.)

88 Leere, Formlosigkeit und Nichthandeln sind die «Drei Tore zum Nirvâna». (Anm. d. Übers.)

89 Übersetzt nach The Vimalakîrti Nirdesha Sûtra, übersetzt von Lu K'uan Yü (Charles Luk), Berkeley (Shambhala) 1972, S. 21f.

90 Ikkyû Sôjun, Im Garten der schönen Shin, op. cit., S. 89.

91 Ikkyû Sôjun, Im Garten der schönen Shin, op. cit., S. 135.

92 Thomas Cleary (Hrsg.), Der Mond scheint auf alle Türen, op. cit., S. 79f.

93 Ebenda, S. 80.

94 Ebenda, S. 106.

95 Ebenda, S. 97.

96 Übersetzt nach The Autobiography & Maxims of Chan Master Han Shan (1546–1623), übersetzt von Upasaka Richard Cheung, auf der Website des ZBOHY (http://www.hsuyun.org/Dharma/zbohy/Home/home-index.html).

97 Übersetzt nach Sheng-yen, In the Spirit of Chan, an introduction to Chan Buddhism, Elmhurst, NY (Dharma Drum Publications) 2001.

98 Hui-neng, Das Sutra des Sechsten Patriarchen, op. cit., S. 70.

99 Ebenda, S. 124.

100 Thomas Cleary (Hrsg.), Der Mond scheint auf alle Türen, op. cit., S. 77 und 66.

101 Ebenda, S. 52.

102 Übersetzt nach James Green (Übers.), The Recorded Sayings of Master Joshu, op. cit.

103 Ikkyû Sôjun, Im Garten der schönen Shin, op. cit., S. 83.

104 T. Cleary (Hrsg.): Foyan, Instant Zen, op. cit., S. 95.

105 Übersetzt nach Thomas Cleary (Hrsg.), Zen Essence. The Science of Freedom, Boston (Shambhala) 1989, S. 65.

106 Übersetzt nach Ch'an and Zen Teaching, herausgegeben, übersetzt und erläutert von Lu K'uan Yü (Charles Luk), London (Rider & Company) 1960, S. 77.

107 Linji Yixuan, Das Denken ist ein wilder Affe, op. cit., S. 124.
108 Übersetzt nach T. Cleary, Zen Essence, op. cit., S. 72.
109 Das Lexikon des Zen, Verfasser und Herausgeber: Michael S. Diener (Stephan Schuhmacher), Bern u.a. (O. W. Barth) 1992.
110 Thomas Cleary (Hrsg.), Der Mond scheint auf alle Türen, op. cit., S. 130.
111 Hui-neng, Das Sutra des Sechsten Patriarchen, op. cit., S. 72f.
112 Ebenda, S. 75f.
113 T. Cleary, Der Mond scheint auf allen Türen, op. cit., S. 129.
114 Übersetzt nach Thomas Cleary (Übers,). Instant Zen. Waking Up in the Present, North Atlantic Books, 1994.
115 Ikkyû Sôjun, Im Garten der schönen Shin, op. cit., S. 37.
116 T. Cleary, Der Mond scheint auf alle Türen, op. cit., S. 79f.
117 Übersetzt nach J. C. Cleary (Übers.), Zibo, op. cit., S. 146.
118 Ebenda, S. 96.
119 T. Cleary, Der Mond scheint auf allen Türen, op. cit., S. 146.
120 Übersetzt nach Charles Luk (Übers.), The Surangama Sutra, London (Rider & Co.) 1962.
121 Chung-yuan Chang, Zen, op. cit., S. 64.
122 Yongjia Xuanjue, Zhengdaoge – Das Lied der Bezeugung des Weges, aus dem Chinesischen übersetzt und mit Anmerkungen versehen von Stephan Schuhmacher, Copyright © 2008 by ENSO Publishing, Le Montat, Frankreich.
123 Die Fünf psycho-physischen Aggregate (pañcaskandha) sind nach buddhistischer Lehre die Bestandteile, die den Körper-Geist-Komplex eines fühlenden Wesens ausmachen: das Aggregat der Form (rûpaskandha), das Aggregat der Empfindungen (vedanâskandha), das Aggregat der Wahrnehmungen (samjñâskandha), das Aggregat der motivieren-

den Neigungen (samskâraskandha) und das Aggregat des Bewusstseins (vijñânaskandha).

124 Die Drei (Geistes)Gifte, Gier, Hass und Unwissenheit, sind die primären «unstimmigen Geisteszustände», die den Menschen im leidvollen Kreislauf der Existenzen (samsâra) gefangen halten.

125 Das «Karma ewigen Leidens» ist die schlimmste Form von Karma, die ein Wesen zu ewigem Leiden in der Hölle prädisponieren soll.

126 Das Herausreißen der Zunge mit glühenden Zangen ist eine der Höllenqualen, die Wesen mit üblem Karma in den Höllen erfahren.

127 Die «Sechs Pâramitâs» kennzeichnen die Lebensweise eines Bodhisattva, der nach Erleuchtung strebt, um alle Wesen zur Befreiung zu führen. Es sind: Großzügigkeit oder Gebefreudigkeit (dâna), ethische Disziplin (shîla), Geduld (kshânti), Ausdauer oder freudige Bemühung (vîrya), meditative Versenkung (dhyâna) und unterscheidendes Gewahrsein oder transzendente Weisheit (prajñâ).

128 Die Sechs Pfade der Illusion sind die sechs Existenzbereiche: der Höllenwesen, der gepeinigten Geister, der Tiere, der Menschen, der Gegengötter und der Götter.

129 Die Mani-Perle oder das «wunscherfüllende Juwel» ist eine Metapher für die allen Dingen innewohnende Buddha-Natur.

130 Das «sechsfältige Wirken» bezieht sich auf die Tätigkeit der sechs Sinne, zu denen über die fünf Sinne hinaus als sechster Sinn der Geist oder das Bewusstsein gehört.

131 Die Fünf Arten der Schau (wörtl. «Fünf Augen») sind die Sichtweisen eines Menschen, eines Gottes (die man in der Versenkung erlangt), der Weisheit des Hînayâna, der Wahrheit des Bodhisattva und die allwissende Schau eines Buddha.

132 Die Fünf Kräfte (pañcabalâni) zerstören die Fünf Hindernisse (für das Erwachen); sie sind: Glaube/Vertrauen (shraddhâ, zerstört Zweifel), Energie/Willenskraft (vîrya, zerstört Nachlässigkeit), Erinnerung/Achtsamkeit (smriti, zerstört falsche Auffassung), Konzentration/Versenkung

(samâdhi, zerstört Zerstreuung und Verwirrung) und Weisheit (prajñâ, zerstört jegliche Verblendung).

133 Das heißt: den Geist seiner spirituellen Ahnen zum Ausdruck bringend.

134 Dies ist ein Echo einer Aussage von Laozi, der im 70. Kapitel des Daodejing sagt (in der Übersetzung von Richard Wilhelm): «Darum geht der Berufene im härenen Gewand, aber im Busen birgt er ein Juwel.»

135 Nach der Dharmalakshana-Schule des Buddhismus sind die vier Formen der Weisheit eines Buddha die spiegelgleiche Weisheit von Akshobhya, die Weisheit der Gleichheit von Ratnaketu, die Weisheit der Unterscheidung von Amitâbha und die alles verwirklichende Weisheit von Amoghasiddhi.

136 Die acht Formen der Befreiung (ashta-vimoksha) sind Stadien der meditativen Versenkung, die von der Befreiung von Begierde durch die Betrachtung der Hässlichkeit aller Objekte der Begierde bis hin zur Befreiung durch einen Geisteszustand, in dem es zum Erlöschen (nirvâna) von Empfindungen (vedanâ) und Bewusstsein (samjñâ) kommt, reichen. Die sechs übernatürlichen Kräfte (abhijñâ) eines Buddha, Bodhisattva oder Arhat sind: 1. verschiedene Wunderkräfte (riddhi); 2. die Wahrnehmung menschlicher und göttlicher Stimmen; 3. die Wahrnehmung der Gedanken anderer Wesen; 4. die Erinnerung an frühere Existenzen; 5. das Erkennen des Kreislaufs von Leben und Tod aller Wesen; und 6. das Erkennen des Erlöschens der eigenen Befleckungen und Leidenschaften.

137 Wieder Laozi (Daodejing, Kap. 41): «Wenn ein Mensch höchster Begabung vom Weg hört, so ist er eifrig und tut danach. Wenn ein Mensch mittlerer Begabung vom Weg hört, so glaubt er halb, halb zweifelt er. Wenn ein Mensch geringer Begabung vom Weg hört, so lacht er laut darüber. Wenn er nicht darüber lacht, so ist es nicht der wahre Weg.» Das Chinesische «wen» = «hören» in «hat von vielem gehört» bedeutet auch «schnuppern an». Man könnte also auch übersetzen: «... hat in vieles hineingeschnuppert ...»

138 Auch in Indien und China gilt der Löwe als König der Tiere, und die machtvolle Lehre des Buddha wird in den Schriften oft als sein «Löwengebrüll» bezeichnet.
139 Aus einem nichtdualistischen Bewusstsein heraus, das keinen Unterschied zwischen ihrer Wirkungsstätte und ihrer Person machte, wurden die Chan-Meister oft nach dem Ort benannt, an dem sie lehrten. In der Nähe der Ortschaft Caoqi in Südchina lag das Kloster von Huineng, des sechsten Patriarchen, und mit dem Pfad von Caoqi ist deshalb der Dharma von Huineng gemeint.
140 Dîpamkara gilt als der erste der 24 Buddhas, die dem historischen Buddha Shâkyamuni vorausgegangen sein sollen. Er soll vor unendlich langer Zeit gelebt haben und Shâkyamuni soll in einer früheren Inkarnation als der Asket Sumedha vor Dîpamkara gelobt haben, ein Buddha zu werden. Dîpamkara soll ihm damals prophezeit haben, dass er nach Ablauf unendlich vieler Weltzeitalter ein Buddha namens Gautama werden würde.
141 Diese Zeilen beziehen sich auf zwei chinesische Legenden, die von wunderbaren Kräften der wandernden buddhistischen Mönche berichten, zu deren wenigen Besitztümern die Bettelschale und ein mit Metallringen besetzter Wanderstab gehörten. Mit der Bettelschale (deren Weitergabe übrigens ebenso wie die der zuvor erwähnten Mönchsrobe Symbol der Weitergabe des Dharma war) erbettelten die buddhistischen Mönche ihr Essen; das Klingeln der Metallringe am Wanderstab sollte Tiere wie Käfer und Schlangen auf dem Pfad des Mönchs vertreiben, so dass er sie nicht zertrat und damit sein Gelübde, nicht zu töten, brach. In der ersten Legende wird ein Mönch von der leidenden Landbevölkerung zur Hilfe gerufen, als sie von einer großen Dürre heimgesucht wird. Es gelingt dem Mönch, die Himmelsdrachen, die den Regen zurückhalten, mit seinen Gebeten in seine Bettelschale herabzuziehen und sie dort einzusperren, so dass wieder reichlich Regen fällt. Die zweite Legende berichtet von einem Meister, der auf seiner Wanderschaft auf zwei Tiger trifft, die wütend miteinander kämpfen. Der Mönch stellt seinen Wanderstab zwischen die kämpfenden Tiger und diese

werden vom Klingeln der Metallringe beruhigt und lassen ab von ihrem mörderischen Kampf. Den Chan-Meistern geht es natürlich nicht um irgendwelche «übernatürlichen» Kräfte. Die Wunderkräfte von Schale und Stab symbolisieren hier die befriedende Macht des Erleuchtungsgeistes.

142 «Form» (rûpa) ist im Buddhismus ein Synonym für «Materie», womit die Erkenntnis der modernen Physik, dass nicht «Substantialität», sondern Form das Wesen der Materie ist, vorweggenommen wurde.

143 Im Avatamsaka-Sûtra wird der gesamte Kosmos mit seinen unendlich vielen «Teilchen» und Weltsystemen mit dem Netz des Gottes Indra verglichen: «Im Himmel Indras, so sagt man, hängt ein Netzwerk von Perlen so angeordnet, dass du beim Anblick einer Perle alle anderen in dieser widergespiegelt siehst. Genauso ist jeder Gegenstand in der Welt nicht bloß er selbst, sondern ein Teil jedes anderen, er ist in Wirklichkeit alles andere. In jedem Staubkörnchen sind Buddhas ohne Zahl vorhanden.»

144 Wörtlich: «Seine drachen- und elefanten-gleichen Fußspuren» – der Drache ist Symbol der alles durchdringenden spirituellen Kraft, der Elefant ist Symbol königlicher Würde.

145 Die Drei Fahrzeuge sind hier jene der «Hörer» oder «frommen Anhänger» (shrâvaka), der «Einsam-Erwachten» (pratyekabuddha) und der Bodhisattvas. Es gibt verschiedene Klassifizierungen der «Fünf Naturen»; nach dem «Sûtra der vollkommenen Erleuchtung» sind es: gewöhnliche gute Menschen, Shrâvakas und Pratyekabuddhas, Bodhisattvas, nicht näher Qualifizierte und Anhänger von Irrlehren. Hier wird also im Grunde gesagt, dass Menschenwesen jeder erdenklichen Art, seien sie «Buddhisten» oder nicht, zur Erleuchtung gebracht werden.

146 Die «Schneeberge» (Himalaja) sind hier die Gegend, in der der Buddha Erleuchtung erlangte; in der Chan-Malerei ist der «(nach seiner Erleuchtung) aus den Bergen herabsteigende Shâkya» ein häufig wiederkehrendes Thema. Das Feini-Gras ist ein Viehfutter, das besonders reichhaltige Milch hervorbringen soll.

147 Nach buddhistischer Lehre gibt es 80000 Formen der Verblendung, und darum hat der Buddha achtzigtausend Wege zu ihrer Überwindung gelehrt. Es heißt, dass ein Bodhisattva sich über «Drei endlose Weltzeitalter (kalpa)» auf dem Weg schult, bis er zur vollen Erleuchtung gelangt; der Ausdruck kann aber auch Vergangenheit, Gegenwart und Zukunft bedeuten.
148 Vergleiche Laozi, Daodejing, Kap 47: «Ohne aus der Tür zu gehen, kennt man die Welt. Ohne aus dem Fenster zu schauen, sieht man das Dao des Himmels. Je weiter einer hinausgeht, desto geringer wird sein Wissen.» (Nach der Übersetzung von R. Wilhelm)
149 «Unter dem westlichen Himmel» meint hier «in Indien», denn das ist von China aus gesehen der «Westen», aus dem Bodhidharma das Chan nach China brachte.
150 Nihilismus und Eternalismus sind die beiden «extremen» Positionen der indischen Philosophie, zwischen denen der Buddhist den «mittleren Weg» beschreitet: einerseits die Meinung, dass im Grunde alles «nur» Illusion ist und in Wirklichkeit nichts existiert; andererseits die Ansicht, dass den Dingen eine letzte unvergängliche Substanz und dem Menschen eine «ewige» Seele (âtman) innewohnt.
151 Wörtlich: Nichtsein ist Nicht-Nichtsein.
152 Eine Geschichte aus dem «Lotos-Sûtra» berichtet, dass Mañjushrî, der Bodhisattva der Weisheit, einst im Palast des Drachen den Dharma darlegte; die Tochter des Drachen begriff, was er sagte, und erlangte Erleuchtung. Der Mönch «Guter Stern» war der Legende nach ein Mönch aus dem Umkreis des Buddha, der vom Buddha selbst unterwiesen wurde, der aber an seiner Lehre zweifelte und schließlich in der Hölle landete.
153 Dies ist ein wunderbares Exempel dafür, wie man die Sûtras (und andere heilige Schriften) lesen sollte: nicht als «so steht geschrieben», sondern als unmittelbare und kraftvolle persönliche Ansprache.
154 Die «Zwei Fahrzeuge» sind die beiden Hînayâna-Fahrzeuge der Hörer (shrâvaka) und der Einsam-Erwachten (pratyekabuddha). Nach Ansicht der Anhänger des

Mahâyâna, zu dem das Chan gehört, mangelt es ihnen an dem «Geist des (wahren) Weges», also dem Bodhichitta (Erleuchtungsbewusstsein) des Bodhisattva, der die Erleuchtung nicht nur zu seinem eigenen Heil sucht, sondern der danach strebt, alle Wesen zum Erwachen führen zu können.

155 Guanzizai ist der alte chinesische Name für Avalokiteshvara, den Bodhisattva des universellen Erbarmens. Avalokiteshvara bedeutet wörtlich «Der Herr, der (die Welt) betrachtet». Später wurde dieser Bodhisattva in China Guanyin genannt (chin. für Avalokiteshvara), was «Wahrnehmer der Töne» bedeutet und womit «Hörer der Klagen aller Lebewesen» gemeint ist.

156 Auf ein verbreitetes Missverständnis der Lehre von der Auslöschung des Karma durch die Erleuchtung weist das berühmte Gongan «Baizhang (Hyakujô), Fuchs» (Wumenguan, 2. Fall) hin.

157 Die Geschichte des Mönchs Yongshi (Skrt. Pradhanashura) wird im «Karma-Sûtra» berichtet. Eine verheiratete Frau hatte sich in den stattlichen Mönch verliebt, und da ihr Verlangen unerfüllt blieb, wurde sie schließlich schwer krank. Sie vertraute sich ihrer Mutter an, und diese flehte den Mönch an, zu kommen und ihre Tochter zu heilen. Also kam er täglich zu der Kranken ins Haus, um sie in den Sûtras zu unterweisen, und sie erholte sich tatsächlich langsam. Doch eines Tages gaben die beiden dem Verlangen nach Liebe nach ... So verstieß der Mönch gegen sein Keuschheitsgelübde, und diese Übertretung der Gebote für Mönche wog doppelt schwer, weil er mit einer verheirateten Frau schlief. Von Gewissensbissen gequält, suchte der Mönch den Rat des Buddha, und mit Hilfe von dessen Unterweisungen erwachte er schließlich zur wahren Wirklichkeit, dem «Ungeborenen».

158 Wörtlich: Upâlis Glühwürmchen-Licht.

159 Nach einer Legende waren zur Zeit des Buddha einmal zwei Mönche auf Wanderschaft am Wegesrand eingeschlafen. Eine vorbeikommende Frau verführte einen der Mönche, und als der andere Mönch erwachte, floh sie

erschreckt. Die Mönche liefen ihr nach und die Frau stürzte in ihrer Panik in eine Schlucht und starb. Die Mönche vertrauten sich dem Gelehrten Upâli an; er war einer der zehn Hauptschüler des Buddha und bekannt für seine strikte Einhaltung der moralischen Regeln. Doch Upâli belastete ihr Gewissen nur noch mehr, indem er ihnen ausmalte, wie schwer ihr Verbrechen der Unkeuschheit und des Mordes wiege. Da tauchte der Bodhisattva Vimalakîrti auf. Er tadelte Upâli für sein moralisierendes Gerede, das die Leiden der reuigen Mönche nur noch vergrößere, und schnitt ihre Schuldgefühle ab, indem er ihnen klar machte, dass ihre «Tat» (karma) weder in ihnen noch außerhalb von ihnen noch dazwischen aufzufinden sei.

160 Nach orthodox buddhistischem Verständnis konnten die weltlichen Menschen gutes Karma ansammeln, indem sie den Mönchen die Vier Gaben, d.h. Nahrung, Kleidung, Obdach und Pflege im Fall einer Krankheit, zukommen ließen.

161 Wörtlich: Hundert mal Hundertmillionen (gewöhnliche Worte).

162 Es ist nicht ganz klar, was mit dem «glühenden eisernen Rad» gemeint ist – es hört sich an wie eines der höllischen Folterinstrumente, die nach orthodoxem Verständnis von der Vergeltung karmisch übler Taten auf den Übeltäter warten.

163 Dhyâna (Meditation, Versenkung) und Prajñâ (transzendente Weisheit) sind die letzten beiden der «Sechs Vollkommenheiten» (pâramitâ), die die Lebenspraxis des Bodhisattva kennzeichnen.

164 Wer sich fragt, wie jemand die «große Angelegenheit» der Erleuchtung für jemand anderen erledigen kann, der denke an den ersten Ausspruch des Buddha nach seiner vollkommenen Erleuchtung: «Ich und die Große Erde (das gesamte Universum) und alle Lebewesen erlangen gemeinsam Erleuchtung.»

165 Übersetzt nach Stefen Berger (Übers.), Ikkyu. Crow with no mouth, Port Townsend, WA (Copper Canyon Press) 1987, S. 77.